U0058781
華志文化

華志文化

君王論

世界最完美的君王之道

君王內裡藏著狐狸的狡猾和獅子的凶猛

這本書明明在他生前就完成，因怕殺傷力太大，到他死後才印行。

據說歷史上最壞的政治家都是從馬基維利那裡學會統治老百姓的技術，包括：拿破崙、希特勒、墨索里尼、蘇哈托、馬可仕……等。

The Prince

原著／尼古洛·馬基維利(著)
(Niccolo Machiavelli)

君王的華麗光輝只是一種裝飾
他們的榮耀是王道詭譎的外表
它是不朽的也將是空前絕後的

原版原味
最新譯著

歷史上的第一部政治禁書

影響世界的十大名著之一

君王論：世界最完美的君王之道

君王內裡藏著狐狸的狡猾和獅子的兇猛。

作者簡介

尼古洛·馬基維利（義大利） 義大利佛羅倫斯人，一四六九年出生於一個沒落的貴族家庭，少年時透過自學精通了深奧的拉丁文，培養一種獨立思考、崇尚自由的氣質。而且，受當時人文主義思想的影響，他參與佛羅倫斯的共和革命，一四九八年，被任命為佛羅倫斯的第二國務秘書。此後多年的政治生涯，使他累積了豐富的政治和外交經驗，並且在時勢的起落中，為人類留下了鉅著——《君王論》。

序言

《君王論》：世界最完美的君王之道

有史以來，是知識改變了我們的命運，讓我們的人生變得幸福而有意義。而書籍是知識的一種載體，許多智者將自己的智慧融入書中，讓無數人解讀，得以啟迪和醒悟，進而從無知中走出來。

當然，在這個世界上，琳琅滿目、不同類別的書籍不計其數。

但歐洲有許多學者相信，千百年來，人類思想史上具有永恆價值的處世智慧包含於三大奇書之中：一是《君王論》、二是《孫子兵法》、三是《智慧書》。本書主要先述說這三大智慧奇書的《君王論》一書，第一部《君王論》的問世，對整個世界的政治思想和學術領域都產生了極為重要的影響，它作為第一部政治禁書而為世人矚目。

在二十世紀八〇年代，《君王論》又被列為最有影響和最暢銷的世界十大名著之一，它是有史以來，對「政治技巧」和「為君之道」的獨到、精闢的報告。在人類思想史上，還從來沒有哪部著作像《君王論》這樣，一方面

受無情的詆毀和禁毀；另一方面卻獲得了空前聲譽。

傳說，拿破崙隨身攜帶這本書，許多君王也都將它視為寶典。

這部偉大的智慧奇書被後人奉為人生行為的圭臬，

為官者讀之更能看清政治的風向。

從商者讀之可以修正自己的品格。

常人讀之可在社會中遊刃有餘。

熟讀此書，人生將圓滿無憾。時間在慢慢地流逝，許多事物都可以泯滅，但人類思想的智慧將會永存。

有史以來最偉大的智慧奇書，正是對人類智慧思想的永恆記載。

導　讀

《君王論》：世界最完美的君王之道

古往今來，君王的權謀與事蹟一直為人們所津津樂道，人們崇拜君王的榮耀和華麗的光輝，並匍匐在他們腳下，就像虔誠的基督徒看著上帝，又像伊斯蘭教徒，無論走到哪裡都將目光投向伯利恆一樣。

但是，誰又能想到，君王的華麗光輝只是一種裝飾，他們的榮耀也是王道之詭譎的外表，內裡藏著狐狸的狡猾和獅子的兇猛。

馬基維利在《君王論》一書中寫道：

「君王如果掌握了運用野獸的方法，那麼狐狸與獅子將是他樂意效法的對象。因為獅子無法躲避陷阱，而狐狸無力抵抗豺狼。所以，君王首先要做一隻狐狸，辨識陷阱；同時又須是一頭獅子，震懾豺狼。」

馬基維利，這個出現於文藝復興時期的藝術和思想上的巨人，面對長期處於分崩離析、水深火熱之中的義大利，歷時十五載，完成了這部偉大的著

作《君王論》。文中對君王如何統治國家和運用權謀術數作了詳細探討。

馬基維利用他那充滿人文主義色彩的語言，揭露了貴族階級崇拜因權力而生的巨大利益，他們橫徵暴斂、荒淫無恥。

馬基維利認為，人心本惡，任何人做一件事都是有目地的，因此寄希望於一個君王不顧私利去拯救義大利於危難之中，簡直是癡心妄想。

君王們可以為一塊肥沃的土地想盡權謀，使用各種卑鄙的手段，甚至殺人盈野、屠城廢日，但絕不會為了所謂的正義而去做一件對自己來說根本毫無實際利益的事情。

這也同時證明了，「為達目的，不擇手段」的理論。可謂言前人之不敢言，筆鋒犀利，深入骨髓。

馬基維利對君王行為的理解，正如大詩人維吉爾透過狄多之口為其統治時期的殘暴行為作出的辯解一樣：我的命運之基未固，踏足的王位有些飄忽。腳下的領地，讓我違反初衷——另選他途，**以我手中的權杖，為了捍衛我的疆土，將用我的殘暴，面對所有的征服。**

《君王論》的價值是不可估量的，歷時數個世紀，它的光輝依然沒有減

弱，反有光華衝天之勢。

《君王論》被稱為「思想史上具有永恆價值的三大奇書之一」，與《孫子兵法》的詭詐和《智慧書》的睿智精微相比，它更加坦蕩和直率。它就像一個站在歷史天平上的智者，用深邃的目光，透過君王華麗的外表，握住了內裡的權謀之心。

它還剖開了戰爭與王權的肚腹，將血淋淋的內幕端上案桌；它更像虛懸在眾神頭頂上的一支魔杖，用上帝的語言揭示人間的王道和政治爭鬥的黑暗伎倆。

它無疑是一部驚世駭俗的鉅著。它的出現就像一輪搖曳的太陽升上了昏暗天空。在西方世界，《君王論》被譽為「影響世界的十大名著」之一，是有史以來，對「政治技巧」和「為君之道」最獨到、最精闢、最誠實的報告。

我們可以想像它的偉大，它包含的智慧就像當年亞歷山大大帝遼闊的國土一樣深廣。

它是不朽的，也將是空前絕後的。

聖羅馬諾之戰，烏西羅創造的板畫，現藏於烏菲齊美術館（義大利佛羅倫斯市）。一五六〇年，美第奇家族把柯西摩一世建造的公園政務廳辦公室變成烏菲齊美術館。一五八一年公開展出美第奇家族的眾多藝術收藏。

目錄／君王論：世界最完美的君王之道

◇◇◇◇◇◇◇◇◇◇◇◇◇◇◇◇◇◇◇◇◇◇◇◇◇第三篇　君王的形象與施政

原著／尼古洛．馬基維利（Niccolo Machiavelli）（義）

本書對執政者的引響

拿破崙三世套房中的餐廳

第一篇

君國的國體與獲取

那些習慣在自己的法律和自由下生活的國家，如果被征服，統治它們一般有三種辦法：

一、是讓它們消失。

二、是君王親自坐鎮。

三、是在尊重他們習慣的前提下讓他們稱臣進貢，同時，成立一個對你忠貞不二的人管理的政府。

第一章 論王國的類型及產生方式

古往今來，統治過人類的國家和政權，王國就是共和國；反之，如果國王不是世襲相傳，就多半是新生的。

長期以來，所謂世襲王國，是指國家的統治者由某一實權家族世代沿襲相傳的政治實體。

不過，新生的王國一切都是全新的，如法蘭西斯科．斯福查的米蘭王國那樣；或像西班牙統治下的那不勒斯王朝，掠奪來的部分領土被歸併到某個世襲君王的國家裡。

那些被世襲王國征服土地上的人們，不外乎存在兩種情況：

一、是早已習慣君王的統治。

二、是曾經生活在自由邦。

世襲王國之所以能對外擴張，可能是憑藉另一君王的武力以合作取勝，或依靠自己的軍隊；也可能是君王的才智超群，從而不費一兵一卒，奪取這些土地如探囊取物。

第二章　世襲王國

維持一個世襲王國的統治，要比維持任何其他形式奠基締造的新國家容易得多。世襲王國本身具備一整套完善的體制，這種體制是世代相傳的，各代君王只要不逾祖制，不大動刀斧，一切順應民意，就能使統治延續下去。在這種情況下，君王若非荒淫無道，而是勤於政事，那麼，除非有非常強大的外力篡奪了他的權力，否則他就仍能維持他的統治。即使他被某種政權篡權成功，他依然能在篡權者遭遇意外變故時，重新掌權。

義大利的費拉那公爵就是一個突出的例子。在一四八四年至一五一〇年間，他領導人民擊退了威尼斯人和教皇尤利烏斯二世的大舉入侵，憑藉的就是世襲王國在本地根深蒂固的統治基礎。

世襲王國的君王，與新君王相比，更容易獲得臣民的擁戴，只要他的所作所為不過於惡劣，也沒有犯什麼滔天大罪，那他自然會民心所向，這是順理成章的事情。世襲王國的優勢還在於國家長久的歷史、制度以及綿延的統治，促使一切變革的因素都湮沒在往昔的煙塵裡。

第三章　混合式王國

前面，我們簡要介紹了世襲王國的各種情況，但是，這當中的有些情況在新建王國裡並不能找到。這種世襲王國並不是全新的國家，如果它隸屬於一個混合式王國，很多制度很可能不由自主，因此導致混亂叢生。這是個固有的難題。

人們的願望是統治者能帶領他們改善艱苦的處境，可是當他們的願望遲遲無法實現時，他們就將高舉「反抗腐朽統治」的大旗，拿起武器，推翻現有政權，替換他們的統治者，此種事例在歷史上不勝枚舉。

然而，一次又一次的惡性循環之後，他們的願望並沒有實現，處境甚至比過去更糟。這種帶有必然性的惡性循環是什麼所導致的呢？追根究底有個內在的原因：當一個君王奪得領土後，因其在這塊領土上的統治性質，他所帶領的軍隊往往會侵害他的新臣民，給他們帶來精神及物質上的傷害。事實證明，這樣只會使受到損害的臣民成為他的仇敵。而且，如果新君王不能按照革命軍的願望行事，他們也很可能成為新君王的仇敵。

君王在奪得一個新的領地後，要想在此地穩住自己的統治，就需要獲得該地居民的好感。否則，情況就會像上面所說的那樣。

當年，法蘭西國王路易十二佔領米蘭幾乎是輕而易舉的事，但失掉米蘭也很快。米蘭被洛多維克．斯福爾札率領的軍隊奪回，米蘭易主。先前曾為路易十二打天下的人們倒戈成為路易十二的敵人，他們再也忍受不了路易十二的胡作非為，在路易十二的身上他們看不到願望實現的影子，所有曾經設想的好處也全都成了泡影。

叛亂令新的統治者警醒，如果他重新征服叛亂地區，那麼，他就再也不會輕易失去它，這是因為他將汲取先前的教訓，找到自己統治薄弱的地方，使他人減少猜疑、寬恕罪犯，並懂得用可用之人來鞏固統治。

法蘭西國王路易十二首次征服米蘭後，很快就被洛多維克公爵趕出米蘭。路易十二再次征服米蘭，卻又失去它，這次不是洛多維克令他失敗，而是全世界的人們都共同反對他。法蘭西王國的軍隊被義大利人徹底打敗，並驅逐出境，路易十二對米蘭的第二次統治依然沒能長久。

先前，我們已經探討過路易十二第一次失掉米蘭的原因，在此不再多言。

現在，我們要共同探討的是路易十二第二次將米蘭丟掉的原因。如果將你換成路易十二，透過你的努力，看看能否用另一種統治方法或者手段保住米蘭，從而確保自己征服該地的利益。

教皇利奧十世圖，這是拉菲爾去世前三年完成的。

首先，有一個問題請大家必須注意：一些大小城市被君王征服之後，地方的語言和民族與領地上的舊有臣民相同或相似，文化習俗也一脈同源，再加上如果這些地方的人價值觀保守，並不看重自由的權利，那麼，統治他們就很容易了。不過，並不是所有的城邦都具備這些被輕易統治的條件。在第一種情況下，新君王只需將舊政權的王族血統徹底消滅，就能穩如泰山地統治下去，當然，也需要尊重這些地方習俗和傳統，這樣，新臣民才能繼續安定地生活。

這就是為什麼勃艮第、布林戈尼、戈斯康和諾曼第如此長久地歸屬於法蘭西的原因。這些地方基本上沒有發生過衝突，因為他們的語言、習俗、法律相近，溝通不存在障礙。我們總結一下；

征服者想要在新領地上實現自己長久的統治，需要就下面兩點作出相應的努力：

第一，舊統治政權的餘孽不可留，必須徹底剷除。

第二，不要急於在新領土上施行自己制定的法律及稅制。

要想讓剛開始的統治穩定，必須維持原有的法律和稅制，這樣才能使民心安定，從而在最短的時間之內將它真正地融入自己的領土之中，使新舊領土統一。

遺憾的是具備被輕易征服條件的地方並不多，這就要談到第二種情況。如果征服了一個語言、習俗、法律均與舊領土存在很大差異的地方，要在那裡保有穩固的統治就不是一件簡單的事情了。僅靠運氣顯然是行不通的，必須運用非常高超的統治手段才行。

這裡有一個有效的方法：君王親臨新領土，所到之處，要使臣民安居樂

業。這種方法非常有效，出問題的機會也很小。

即使發生某些突發情況，因為君王親臨，也能及時將之平息。但是，如果新領土發生叛亂時，君王尚在自己豪華的宮殿裡醉生夢死，那只有聽天由命了。

所以說，採用剛才所說的方法對穩固統治有莫大的好處。當年，土耳其人佔領希臘時就採用了這種方法。回頭想一想，如果土耳其國王沒有親臨希臘，而在宮殿裡想掌控希臘，那麼，不論施行何種統治方法，都很難安穩地統治像希臘這樣的國家，更別說明察秋毫、防微杜漸了。

身不在當地，任何風吹草動傳到君王的耳朵裡時，實際上早已經演變成大災亂了。

另外，君王親臨還有一個益處——威赫心懷不軌的官吏們，使他們不敢肆意劫掠當地的財富，該地臣民會因為感到受君王保護而心生滿足，從而真誠擁戴你。那些本就願意效忠你的臣民則會更加愛戴你，心懷不軌的人戰戰兢兢，而對這裡暗懷野心的人也會因君王在此駐紮而不敢妄動。總之，只要君王能巡視各地，該地的統治必將會安穩如山。

鞏固政權還有一個經濟而有效的辦法——殖民被征服的領地。如果殖民的話，就需要選擇一些戰略位置重要的關鍵地點建立殖民據點。如此就省掉了派遣一支龐大的武裝部隊的巨額花費，其代價幾乎是無限降低。因為建立殖民地對君王而言，幾乎無須耗費國家資源，甚至用不著支付任何費用，舊領地的居民便可去新領地屯駐，殖民的同時還可安定新領地。

建立殖民據點必然佔用一定的土地，這就會損害到原居民的利益。為了將徵用土地時對原居民的傷害減到最低，君王在實施殖民時應把握尺度。至於那些因被徵用了土地而失去田地的原居民，因為為數不多，雖有心懷仇恨者，但不足以危及到這裡的政權。

剩下的居民有二點必須擔憂：

一、一方面因未受損害而容易安撫。

二、另一方面則會因害怕自己的私有財產被剝奪，根本就不敢輕舉妄動。

總而言之，建立這樣的殖民地幾乎無須耗費什麼東西，比起派駐軍隊來要更加忠誠，而且對當地居民的損害也會降至最低程度。

話至此處，我們應該注意：

人如果不接受降撫，必會誓言復仇，但若受到毀滅性的打擊則很可能不再有報復念頭，因為毀滅性的打擊已經吞噬了他們所有力量。

所以，若欲加害於人，必須徹底為之，使其再無復仇之日。在被征服的地區建立武裝部隊也是一個確保統治的方法，不過弊端很多。捨殖民而駐屯軍隊，會出現這樣的情況：為了維持駐軍，可能將這個地區的收入全都投入進去，還不一定足夠。如此花費，對殖民來說簡直得不償失。

其次，駐屯的軍隊往往很龐大，一些士兵很可能乘機掠奪錢財，這很容易激怒當地居民。更有甚者，官吏也參與掠奪，人們對軍隊就會更加痛恨，進而痛恨君王，因為軍隊是受君王雇傭和領導的。綜合利弊，這裡可以下一個結論：

派駐武裝軍隊利少弊多，與殖民相比，實不足取，只有殖民才能利國利民。

從以上理論推知，在語言、習俗和制度等方面和原領地不同的新領地，若想長久統治，君王應在以下幾個方面多做努力：在警惕強大敵人侵犯的同時，盡量削弱較強的鄰國，並根據實際情況，在各個領地駐紮防禦性軍隊，幫助它們抵禦可能進犯的強敵，從而在實質上成為弱小領地的領袖與保護人。

另外，有一種普遍的情況不能不引起君王的重視：有時，一些弱小領地或者出於野心，或者出於恐懼而不滿自己的君王，就會引入強大外敵，借外敵之手推翻本地政權。

如許多年以前，埃托利安人引強大的羅馬人進入西班牙，就是一個深刻的歷史教訓。君王們不能放鬆警覺，因為歷史隨時可能重演。

一旦強大的外國軍隊征服了一個地方，所有弱小的王公和貴族勢力會嫉妒原本的君王，馬上掉轉頭來依附這些外敵，成為他們的附庸。

因此，當入侵者成為領地的新君王時，籠絡這些弱小王公和貴族勢力將很可能不費吹灰之力，因為他們已經自覺地列位於新君王的麾下了。

需要注意的是：

新君王憑藉他們的力量征服了領地後，可以向他們示好，但不能給予其很大的權力，因為任其坐大很可能會危害到自己的統治。新君王必須保證自

己在任何一塊領地上都擁有絕對而唯一的權威。在這個問題上，新君王不能施法不當，否則會很快喪失手中的一切，就算他仍能維持統治，也會陷身於困難和危機的泥淖中。

當年羅馬人之所以強大，佔領任何地方，就是因為採用了殖民、安撫弱小勢力並遏制其過分發展，同時鎮壓強硬勢力等諸種手段。

羅馬人征服希臘諸省的過程就足以為例：

羅馬人與阿勘斯人和埃托利安人修好，從而一舉將馬其頓王國納入版圖，將敘利亞王安蒂奧科斯放逐。安蒂奧科斯雖然還有勢力，但是卻無半寸領地。在征服過程中，阿勘斯人和埃托利安人可說是居功厥偉，但羅馬人並未讓他們壯大。

另外，羅馬人還主動向馬其頓王菲利浦示好，但仍然要求菲利浦削減原勢力，透過這個要求，羅馬人最終打敗了菲利浦。羅馬人在這些方面展示了他們驚人的智慧和長遠的目光，他們的君王擁有比其他君王更高一籌的智慧。他們預測各種可能的情形，並預先做好了準備。這就是防微杜漸，不然一旦小病養成大恙，就無藥可救了。

這正如醫生們對流行病患者的叮囑。

他們往往說：「病早易治，病遲難醫。」管理國家也是如此。善政的君王能夠預察潛在的禍患，並及時將之消除；如果君王疏於防範，以致禍患惡化到百姓皆受害的地步，再想補救，也已經晚了。

所以，羅馬人的先見之明是值得我們佩服的，他們總能預先發現潛藏的禍患，並及時找到補救的方法，有時甚至不惜發動戰爭來阻止事態繼續發展下去。他們懂得什麼樣的戰爭不可避免，拖延時日不如佔據先機。

他們搶先到希臘去攻打菲利浦和安蒂奧科斯正是因為這一點。雖然這兩場戰爭完全可以避免，但羅馬人還是發起戰爭，他們寧願在自己的果敢和謹慎的和平下安然度日，也不願走我們這個時代的聰明人奉行的「享受和平安逸的恩惠」。

我們必須牢記：時間是一柄雙刃劍，它的每一分前進，賜予了我們利益，同時也帶來了禍患。

此時，我想起了法蘭西，讓我們來看看法蘭西的國王在這些方面表現如何。我不想談查理八世，只談路易十二，因為這位國王對大家來說更熟悉。

他在義大利統治的時間很長，這將有助於我們說明問題。

從資料中可以看出，路易十二從來沒在他征服的土地上施行過合理統治，他對佔領地的統治與羅馬人簡直南轅北轍；簡單地說，與「英明」二字實在相去甚遠。包藏野心的威尼斯人看準了這一點，將路易十二請進義大利，威尼斯人想依靠他手中的強大軍隊控制半個倫巴底，因此並不是真心欽佩路易十二。

在這裡，我不想責難這位受人利用的法蘭西王。他試圖在義大利尋找一個立足點，但在那裡誰也不歡迎法蘭西人，因為查理國王以前在義大利的所作所為已經讓義大利人感到厭惡。路易十二想在這裡站穩腳跟，就得另覓他徑，尋找可能成為他盟友的人，這個方法完全行得通，前提是不能施政不當。

路易十二征服了倫巴底，他要做的第一件事就是：

恢復查理國王在這裡喪失的名譽：熱那亞乞降了；佛羅倫斯人與他交好；孟托瓦侯爵、費拉那公爵、本蒂沃夫里公爵、富絲利夫人，以及法恩札、彼札羅、利米尼、卡梅苗諾、皮奧比諾等地的王公貴族，還有盧加人、比薩人、錫亞納人，全都趕來獻殷勤。

這時候，威尼斯人暗地裡盤算：如果讓這位法蘭西王徹底征服了此地，那麼義大利三分之二的土地都將落入他的手中，自己得到的不過是彈丸之地，最多不過是倫巴底的幾個城市而已。

可惜，上述的情況只是一種理想狀況，如果路易十二能按上述方式去行事，他在義大利的統治將會很穩固，他在這裡的勢力也會很強大。他可以給真誠擁護他的朋友們安全和保護，並善待他們，這些人多半是為數眾多、力量微弱的人。

在他們之中，有的反對教會，有的憎恨威尼斯人，有的需要靠山，因此，他們的歸附往往是出於自願和真誠的。路易十二籠絡了這些人，他就已經保有了相當規模的統治勢力。

然而，路易十二一進入米蘭就做了一件愚蠢的事，他幫助教皇亞歷山大六世佔據了羅馬尼亞。

路易十二並沒有意識到，這個錯誤的決策已經削弱了他的力量，讓他失去許多盟友的支持。

同時，此舉還增強教廷的世俗權威，使其勢力大增。路易十二一步走錯，

就得被迫錯下去，以至於不得不親自駕臨義大利去阻止亞歷山大六世成為托斯卡尼的主人。他的愚蠢行為還繼續不斷，他垂涎那不勒斯已久，這時候抑制不住誘惑，聯合西班牙國王侵佔了那不勒斯王國，然後又與西班牙人坐地分贓。

他原是義大利唯一的絕對統治者，但是他卻為自己推出另一個強有力的對手——教會，所有對他心懷不滿的人和野心家們立刻找到了依靠的力量，紛紛依附教會。路易十二就這樣一步又一步地將自己推到極端危險的境地，而強大到有能力將他驅除出義大利的敵手卻是他一手扶植起來的。

誠然，爭奪的欲望是人類一種潛在的本性，為了宣洩這種欲望，人們選擇了戰爭。自古成王敗寇，勝者為人稱頌，敗者遭人譴責。君王應明白這個道理。盲目地爭鬥只會顯示出自己貪婪無能，後果必以敗北告終，還會遭受人民的譴責。

路易十二正是犯了這個錯誤；現在憑藉他手中的武力，暫時還不可能征服那不勒斯，因此應暫時按兵不動，但是他偏偏按捺不住，聯合他國去瓜分那不勒斯。如果說先前聯合威尼斯人瓜分倫巴底是為了在義大利立足，這可以理解，那麼，這一次瓜分那不勒斯就使他開始惡名昭彰，而且找不到適當的理由去說服世人了。

路易十二共犯了五個錯誤：

一、是消滅原本可以籠絡的弱小勢力。

二、是任由義大利本土業已強盛的君王勢力坐大。

三、是引入外敵。

四、是沒有親臨新領地。

五、是沒有建立殖民地。

這五個錯誤還不足以毀掉路易十二的名聲，但是他卻偏偏又犯下了第六個錯誤——企圖侵佔威尼斯人的領地，這件事情立刻使他名聲掃地。

如果之前他沒有助長教廷勢力，不引西班牙人進入義大利，那麼征服威尼斯是遲早的事。但是他已經犯下前兩個錯誤，在這兩個錯誤已經產生的前提下，根本不能輕談佔領威尼斯。假使威尼斯人夠強大，就不會任由倫巴底落入他國之手。

此中有三點原因：

一、是威尼斯人做不了倫巴底的主人,也不會讓別人成為倫巴底的主人。

二、是任何一位君王,都不會從路易十二手裡奪取倫巴底,然後再轉手送給威尼斯人。

三、是威尼斯人與路易十二聯合,這股強大的力量讓任何一個國家都不敢輕舉妄動。

也許有人會說,路易十二任由亞歷山大六世征服羅馬尼亞,又將義大利拱手相送,連那不勒斯王國也送給了西班牙,這些做法都是在迴避戰爭。

那麼,據前所述,規避戰爭只會帶來更深重的災難,拖延只會陷自己於不利之境。也許有人善言巧辯,路易十二相助教皇擴張勢力,是為了讓教皇授予他解除不美滿的婚姻關係,以及讓盧昂做樞機主教。

實際上,路易十二之所以喪失倫巴底,是因為沒有遵循維護新領地上的王公貴族的利益,因此,他的失敗是順理成章的,不足為奇。

當瓦倫鐵諾(教皇亞歷山大六世之子,被人稱為凱撒·博爾賈)佔領羅馬尼亞的時候,我在南特斯曾經和盧昂樞機主教進行過一次傾談。盧昂說,

義大利人還不明白戰爭的實質，

我卻回答：法國人也不明白政治的實質，否則他們不會任由教廷的世俗勢力坐大。

事實已經闡明一切，路易十二一手促成了教會勢力的擴張，西班牙人在義大利橫行無忌也是法蘭西人造成的。

由此，我們可以總結出一條準確的定律：

「強彼者，必自滅。」

因為你使別人強大，別人將會認為你必有目的，他會對此一直惶恐不安，消除這種惶恐不安最有效的辦法，就是消滅讓其惶恐不安的人。

路易十二統治貨幣

教皇七世為拿破崙加冕

第四章　論亞歷山大征服大流士王國的歷程

有鑑於統治一個新征服的領地困難重重，因而，不少人感到奇怪，亞歷山大大帝只用了短短幾年時間就在亞洲建立起勢力，此等輝煌的業績是怎麼建立起來的？

遺憾的是，他剛剛攻佔了這些土地就死了。在這種情況下，許多人認為那些領地發生叛亂是在所難免的。

然而事實上，亞歷山大大帝的繼承者們，除了發生一些內訌之外，並未遇到別的困難，因而他們得以成功保住了所有領地。這將作何解釋呢？我們可以透過分析尋找到答案。

有史以來的所有王國，統治方式不外乎兩種：

第一種：是君王對國家有絕對的權威，君權至上，奴役所有人，群臣則是以輔佐者的角色來參政，他們大多受君王的信任和恩寵。

第二種：為君王和貴族們共同統治國家，在這種權力架構下，貴族的地位源於他們的世襲血統，非君王所賜。貴族們擁有私人領地和臣民，

在他們的勢力範圍內，臣民對他們的地位抱有自然崇拜，並把他們奉為主子。

在一個君王和貴族們共同統治的國家裡，君王依然享有較大權威，但是除了君王之外，還存在其他受人服從的人，這與「君權至上」的國家有所不同。

在君權至上的國家裡，除了君王之外還有人受人服從的話，那些人不過是君王的代理人或手下官吏，人們不會對他們產生崇拜和景仰的情感。說到這裡，我們不妨選擇最近的例子來闡述一下，將土耳其帝國和法蘭西王國的統治方式作一番比較。

在土耳其帝國，以皇帝為尊，只有他在國家內擁有絕對的權威，其他人都是他的臣僕。皇帝分國家為若干行省，並向各行省派出各種官員，讓他們管理這些行省，他可以興之所至就將他們更換或裁汰。

相較之下，法蘭西國王身邊圍繞著一大群世襲貴族，他們擁有自己的子民，他們的地位受子民們承認，並受人擁戴。貴族們擁有特權，如果他們的特權受到損害，也將危及君王。

透過對兩個國家的比較，我們不難發現，征服土耳其帝國將是先難後易，也就是征服它比較困難，但是，只要有足夠強大的力量將其征服，之後保有它將是一件很容易的事情。

與此相反，征服法蘭西王國則是先易後難，也就是說，征服法蘭西在某種程度上將會很容易，但如果想維持統治將會很困難。

將土耳其帝國征服之所以如此困難，原因在於這個國家的結構比較嚴謹，潛在可以與皇帝抗衡的貴族力量，從而可以被敵人利用，與之裡應外合，使國家的防禦體系腹背受敵。也不太可能策反皇帝身邊的官吏，使他們引入外敵。

深究其原因，在這個國家裡，君權至上，所有的官員和平民都是皇帝的奴僕，他們對皇帝的景仰和崇拜使所有權力集中於皇帝一人之手，臣僕們不想也無力反叛，即使反叛，也不會有大的作為。

因此，進攻土耳其帝國這樣一個上下一心的國家，只能憑藉直接的武力而無法有策反的陰謀。當然，一旦一個足夠強大的力量擊敗土耳其皇帝，將他打擊至無東山再起之日，這時候，他除了要小心皇帝的家族外，就沒什麼

可以畏懼的了。

如果他將王室徹底覆滅了，此刻又沒有別的王室得到臣民們的認同和景仰，就無須擔心任何人了。在征服前無人對皇帝產生威脅，被征服後，他們同樣無法危害到他。

但在如法蘭西王國這樣統治的國家裡，情況正好相反。在這個國家裡，你隨時可以找到不滿現實和企盼革命的人，這些人當中不乏掌握著一定勢力的王公貴族。只要爭取他們，你想征服這個國家就變得比較容易了，勝利有時幾乎是唾手可得。

征服了這個國家，你想保有它嗎？遺憾的是你會發現困難重重，困難正是源自於那些被你征服的人和曾經幫助過你的人。在這樣的國家裡，僅僅滅絕王室沒有太大的效果，因為人們可以推舉某些仍然存在的貴族為領袖。

有些貴族曾經幫助過你，你既不能公開消滅他們，又不能讓他們就此坐大，當你陷身於這種進退兩難的境地時，他們會隨時抓住機會，將你推翻。

我們仔細分析一下大流士政府的政治體制，會發現它和土耳其王國非常相似。所以，亞歷山大大帝要想奪得這片遼闊的土地，必須積聚足夠的力量

和付出相當大的代價。亞歷山大征服了這個國家之後，大流士隨之死去。

亞歷山大大帝進而牢固地控制了這個國家。假如亞歷山大大帝的繼承者們能齊心協力，穩固地統治這個國家將非常容易；假如他們內部不爭權奪利，這個王國將不會爆發什麼動亂。

但是，在類似法蘭西這樣的國家，如果被征服，就會暴亂四起。西班牙、希臘等國之所以時常發生針對羅馬人的暴亂，最主要的原因就是這些國家是由若干小諸侯國組成的。

只要他們還保有往昔的記憶，羅馬人就是他們心目中的侵略者。只有當帝國的政權在他們心中紮根後，羅馬人才能安享太平。

後來，羅馬人發生內訌，內訌各方在自己的領地內已經樹立起威信，每人手中都握有一定勢力，而這個國家的王室家族早已覆滅，人們甚至已經將他們遺忘，因此就死心塌地的在羅馬人的統治下生活了。

反覆思考這些事情，你就會驚服於亞歷山大大帝穩固地統治如此廣大疆土的魄力，也會明白即使後繼者像皮勒斯等人維持如此大的基業也十分艱難，這並非是因為征服能力不同，而是被征服者的性質已經變了。

羅馬卡庇托里諾博物館內景，裡面存放羅馬城的城徵－母狼哺嬰的雕像。

教皇七世為拿破崙加冕

自殺的高盧人

第五章　論統治「法律和自由」下的被佔領國

那些習慣在自己的法律和自由下生活的國家，如果被征服，統治它們一般有三種辦法：

一、是讓它們消失。

二、是君王親自坐鎮。

三、是在尊重他們習慣的前提下讓他們稱臣進貢，同時，成立一個對你忠貞不二的人管理的政府。

這個由你一手扶植起來的政府，它的主要任務就是穩固國家的統治，讓人民對你友善。你不必害怕這個政府會背叛你，因為它是你一手培植的，沒有你的支持，它對這個國家的統治也就結束了，所以，它不得不更緊緊地依靠你，甘心為你賣命。

君王征服了一個習慣於自由制度的城市，想要長期地統治這裡，沒有什麼方法比借助於該市市民更好的了。我們可以從斯巴達人與羅馬人維持征服國的手段中看到這種方法的巨大作用。為了控制雅典和底比斯，斯巴達人曾

分別在兩地各組建了一個由少數人組成的政府，但他們後來還是沒能保住這兩個城市。原因是羅馬人為了保住卡波亞、迦太基與諾曼第，就將它們徹底摧毀了，因此他們並未擁有這兩個城市。羅馬人也曾打算學習斯巴達人統治希臘的方法，允許那裡的人享有自由和保有自己的法律，但最後仍以失敗告終。為了統治的延續，羅馬人除了讓這些城市徹底消失外，別無他法。

從上面的例子我們可以看出：自由城市是非常排斥外來新生統治者的，因此新生統治者不將之摧毀，就會失敗。因為古老的習俗和自由的名義會隨時賦予市民反叛的名義和精神——這兩者是不能被悠長的歲月和統治者的親善政策消磨掉的。

只要這些市民仍然聚居在一起，他們的記憶深處就銘刻著那些東西，一有時機，火焰就會從心底冒發出來。他們會像比薩市那樣雖臣服在佛羅倫斯人腳下百餘年，但仍然舉旗造反一樣；古老制度和自由精神成了他們有力的武器。如果想遏止這種暴亂，就得用非常手段，將該地的市民分散各處，否則，隨時可能發生的暴亂和造反的噩夢就會像空氣一樣永遠追隨你的左右，任你有多大的力量也無法擺脫。

當然，那些本來就在君王統治之下生活的領地，王室家族覆滅、世襲的統治根基被徹底摧毀，而領地內的臣民往往不能意見一致地推舉出另一位大家都服膺的君王，他們也沒有開放到能意識到自由的可貴，結果由於意見的不一致，他們也不大可能會組織起來造反。

在這樣的情況下，新君王入主這裡，將很容易得到他們的支持和擁護，操其生死大權。

需要注意的是共和體制的國家有比較強大的生命力，這種生命力源自於他們對昔日自由的追憶，從而燃起的強烈復仇欲念。往昔讓他們不能平靜，內心充滿躁動。發洩躁動的手段就是暴亂，對象當然是新生的統治者。

所以，維持統治的最佳方法莫過於親臨該地，或乾脆毀掉它。

斐迪南一世（神聖羅馬帝國）他也是匈牙利和波希米亞的國王

第六章　論新君王和新國家的誕生

我將引述一些事例，來探討如何憑藉自身的力量取得新領地，成為新領地的新君王。

大家不必奇怪，因為人們喜歡走在前人的足跡上，效法前人的行為和事蹟，認為這將是最為安全可靠的。

一個明智的人的確可以沿著偉人的足跡前行，效法他們，就算力有未逮，但至少能學得大概。

人應該學習那些聰明的射手，一旦他們發現目標距離超過能力所及的範圍，他們將會抬升弓箭的角度去瞄準目標的上方。此舉不是為了射中原先瞄準的標的，這是為了更準確地命中目標。

全新的王國裡誕生的君王也是全新的，在我看來，統治的難易度取決於君王是否擁有足夠的能力。那些出身布衣榮登王位的人，若非能力卓著就是上天眷顧，擁有其中一項優勢，就能使未來道路上的困難減輕。而那些不倚靠上天眷顧的君王，他們更容易做到統治穩固。

如果君王除了新征服的領地之外沒有固有領土，那麼他最明智的選擇就是待在自己征服的領地上，這將於他有利。

我覺得像摩西、居魯士、羅慕洛、提修斯，還有那些能力與他們相當的人，大多是憑著自己的才能登上君王的寶座，而不是憑藉上天的眷顧。雖然摩西是被上帝賦予權力來執行事務，我們無法對他進行評論，但是單就他擁有與上帝進行談話的資格，他的優秀品格就應當備受尊崇。

我們還是將目光從他身上移開，看看居魯士或者其他創立帝王霸業的人們，你會從他們身上看到光芒的。研究他們的行為及品行，與研究摩西相比，並無不同。當然，摩西還有另一個身分——他是一位偉大的導師。

透過他們的生活與品行，我們可以下一個結論：他們抓住了機會，而不是命運，機會只賦予他們創造的能力，而沒有施捨他們創造的內容。沒有機會，意志力也許會荒廢；但若沒有意志力，機會再多也毫無用處。

所以，以色列人在埃及受埃及人壓迫，對摩西是不可少的，因為只有這樣，他們才會從奴隸的狀態中掙扎出來，矢志追隨他。

但對羅慕洛來說，離開阿爾巴島才是人生重要的大事。他剛出生時就被

丟棄在荒野，這種際遇使他最終成為羅馬帝國國王和羅馬的奠基人。

居魯士則需要波斯人對於米堤亞人的統治表示不滿，以及米堤亞人因長期和平而導致的衰弱與愚鈍。

至於提修斯，如果雅典人不是一盤散沙，他就沒有機會去展示自己的能力。

可以說，機會使有些人功成名就，而他們非凡的能力也在洞察機會中起了決定性的作用，在他們鐵腕統治下的國家將會變得興盛發達。對於好不容易奪得王權的人來說，獲權又比較艱難，但鞏固君權就容易多了。

奪取王權時面臨的重重困難，一部分來自於為了維持統治而變革制度的混亂。我們應當知道，沒有什麼比採用新制度更能對統治構成威脅的，誰也不知道將來的成敗如何，因此改革的風險非常大。

歷代都存在大批抱殘守缺的人，無論在任何時候，他們都擁護舊制度、抵制新制度。君王推行新制度的進程受到這些人的反對，人們就會三心二意起來，擁護新制度的立場將不再堅定。

之所以如此，一部分是因為對那些維護舊制度者心懷恐懼；一部分則因

為人天生具有懷疑心理，因為普通人如果看不到確鑿而可信的證據，是不可能真正信任新事物的。當有些抱殘守缺者抓住適當的機會時，他們就會向新制度發起猛烈攻擊。

與之相比，人們只是消極地進行抵抗。這種依靠三心二意的臣民來宣導革新的君王是非常危險的，臣民的半信半疑就是最大的危險所在。

仔細分析一下革新者靠的是自身的力量還是倚賴他人，就能更清楚地看清這個問題。也就是說，為了讓革新成功，他們需要做出抉擇——是懇求支持，還是強制推行。如果到處去懇求支持者，可能會處處碰壁；若能依靠自己的力量強制推行，風險就小多了。

所以，革新者只有武裝起來，才能最大可能地取得成功，赤手空拳地宣導革新，鐵定會遭受守舊勢力的摧殘。民眾的心理是反覆無常的，你很容易說服他們，但讓他們堅定不移則不是一件簡單的事情。革新者需要有所準備，一旦民眾基礎鬆動，就需要動用武力使其屈服。

我想，如果摩西、居魯士、提修斯和羅慕洛也赤手空拳，民眾是不可能長久地遵守他們所定的制度。看看如今這個時代，季羅拉莫．薩沃納羅拉

修道士就遭遇到赤手空拳所帶來的痛苦。他既不能使信徒矢志不移，又無法廣傳教義，引進更多的信徒。

所以，當信徒都不再相信他時，等待他和他的新教義只有走向墳墓的命運。上文談及的偉人，他們的成長之路遍佈艱難困苦，而且這些困難都非同小可。但是他們仍然能憑藉自己和手中掌握的力量，一一解決困難，消滅他們的敵人，從而使自己的地位越來越強大而穩固，在獲得富貴榮華和幸福的同時也受到人們的擁戴和尊敬。

在這些偉大的例子之外，我還想補充一個與此類似但次要一些的例子。我想，也許它能代表這一類事例，這就是由平民變為敘拉古君王的錫耶羅。

此人從來都是憑藉自身的實力去建功立業，從未碰上什麼好運。當時，敘拉古人因為受到壓迫，大家推舉他為部族酋長。從此，他憑藉自己傑出的才能，開始了一系列革新，最終登上王位。

據他的傳記作者說，當他還是一個平民的時候，就已經具備作為君王的一切能力，只是缺少一個機緣而已。當上酋長之後，他解散了舊軍隊、組建了新軍；捨去舊的朋友，而另交新的朋友。

這樣，他就穩穩地坐在自己王位上。盡管他在取得王位時困難重重，但是維持統治就很輕鬆了。

純潔的戰鬥。布魯吉諾（義大利）作。

臣朗索瓦一世肖像現藏於巴黎羅浮宮

第七章　論依靠運氣或憑藉他人之力登上王位的君王

那些由於幸運從平民登上王位的人，其登上王位的過程可能沒有花費多少力氣，但是想要維持統治則非常不容易。他們在發跡的途中幾乎毫無阻礙，因為他們飛翔在半空中；但當他們腳踏實地時，困難就會紛至沓來，希臘的愛奧尼亞諸城邦、赫里斯龐的一些君王就是這樣。他們有的是靠金錢，有的是依賴恩賜而登上了王位——被波斯王大流士推上王位的。這些君王出現的原因是波斯王希望他們把守住各大城市，所以他們只能為大流士王國的安全和榮耀而盡心盡責。其他一些君王也是如此，他們依靠拉攏軍隊，從而由平民登上王位。這些君王只能依賴好運或別人的意志來掌權，而這些全是不太可靠的東西。

無論是依靠運氣或是憑藉他人的能力取得國家的王位，都是不穩定的，因為這些君王根本不懂得如何維持也不可能維持住他們的政權。深究其原因，一個普通平民的見識無論如何廣博，都不可能承擔起統治一個國家的重任，因此不可能期望他懂得根據國情發佈正確的政令。

當然，他們維持不了自己的統治最根本的原因在於：

一、手中沒有一支真正屬於自己的力量。

二、驟然興起的國家好像在風雨中迅速滋生長大的植物一樣，葉茂卻無深根支撐，一場急風暴雨就可以輕易地將之摧毀。

前面已經論述過，假如那些迅速竄升為君王的人，能夠把握住命運的恩賜，以適當的措施應付，登上王位後能迅速奠定統治基礎——這些基礎在一般君王來說早就事先完成了——他們還有可能保住王位。

關於君王是依靠運氣還是憑藉他人之力登上王位，我想有兩個例子值得一提，那就是法蘭西斯科．斯福查和凱撒．博爾賈的事例。法蘭西斯科憑藉自身卓越的才能，採取了適當的手段，由平民一躍而成為米蘭公爵。他創業的過程可謂歷經磨難，但創業之後，守業就很容易了。至於凱撒．博爾賈，常常被人們稱為「瓦倫蒂諾公爵」，顯然是仰仗其父的運氣取得王位，盡管他一直想維持自己的統治，並且採取了種種堪稱明智的措施和手段，但當上天不再眷顧他時，他還是將他的王國給丟了。

前文已有論述，如果開始時不曾奠定基礎，事後也可以運用必要的手段

進行補救，但是這對一個建築師來說已經很困難，對建築物來說則更加危險。透過分析凱撒．博爾賈的舉止，你將很清楚，他的確為將來的權力奠定了比較牢固的基石。我認為討論這件事並不是多餘的，因為我知道，如果想對一位新君王提出忠告，用瓦倫蒂諾公爵的例子最合適，因為他所有的措施並無失當之處，但仍然沒有帶給他成功，這只能說上帝將他拋棄了。

為了擴大兒子瓦倫蒂諾公爵的政權勢力，教皇亞歷山大六世面臨當時和後來的重重阻撓。

首先，他想不出有什麼方法讓瓦倫蒂諾公爵登上教廷轄地外任何一個國家的王位，他非常清楚，如果他讓兒子去征服屬於教會管轄的國家，米蘭公爵和威尼斯人一定會聯合起來反對，因為法恩札和利米尼都受到威尼斯的庇護。

此外，他也意識到義大利的軍隊，特別是那些屬於他可以調用的軍隊，已經全部掌控在那些恐懼教皇勢力擴張的人手中，他們是奧爾西尼家族、科隆納家族以及他們的追隨者，因此無法從他們那裡得到力量。所以，他覺得如果想改變這種局面，必須使義大利陷入混亂，這樣更利於他控制某些國家。

他很快便發現達成這一目標簡直太容易了，因為威尼斯人因其他利益驅動，很樂意引法蘭西人進入義大利。

於是，教皇為了促成這件事，主動去幫助法蘭西王路易十二解除不幸的婚姻關係，從而掃除了一切障礙。在威尼斯人的大力幫助和教皇的同意下，法蘭西王的軍隊在義大利境內如入無人之境。法蘭西人剛剛抵達米蘭，教皇便向他借兵奪取羅馬尼亞。法蘭西王為了使自己的聲威壯大，也很慷慨地出兵相助，而羅馬尼亞因為懾於法蘭西王的威名，不得不向教皇臣服。

在佔領了羅馬尼亞、奪取了科隆納後：

瓦倫蒂諾公爵要想統治這兩個地區存在兩個障礙：

一、是軍隊的忠誠度不夠。

二、是法蘭西人可能反對他。

換句話說，那支並非真正隸屬於他的奧爾西尼軍隊隨時可能臨陣倒戈。假如情況糟到那個程度，手下的奧爾西尼軍隊不僅會阻止他去攻佔更多領土，而且可能搶奪他已經佔領的土地，並且法蘭西王也在打這樣的算盤。公爵在攻下了法恩札後，又向波羅那推進，奧爾西尼軍隊已經開始消極怠工了。

對於這種情況，他心裡很明白，當他征服了烏爾比諾公國，法蘭西王就會迫使他放棄征服托斯卡尼，這就讓他對法蘭西王的心思一清二楚了。

在這種情況下，他決定放棄依靠命運的眷顧，而要靠自己手中的力量。他所要做的第一件事，就是設法削弱羅馬境內的奧爾西尼和科隆納兩個家族的力量。

他想出一個辦法，就是盡力爭取那些曾擁護這兩個家族的貴族勢力，使用各種利誘手段使他們擁護自己，並且授予他們爵位，讓他們掌控一些軍隊的指揮權。如此過了一段時間，那些貴族不再對羅馬持有感情，完全成了公爵的手下。

後來，他又設法摧毀科隆納家族，並且尋找機會消滅奧爾西尼家族。他找到一個好機會。因為奧爾西尼最後終於意識到：公爵和教廷的勢力擴張過快，遲早會給自己帶來覆滅的命運，於是在佩魯加的馬焦內村開了一次會議。這次會議直接導致烏爾比諾的叛亂和羅馬尼亞的騷動。

這兩個事件令公爵陷入了四面楚歌的境地，但事情最終還是在法蘭西王的幫助下得到了平息。公爵再次顯示了顯赫的聲威。不過，他已經不再對法

蘭西人和其他不是掌握在自己手中的勢力抱任何信任，但是，公爵很懂得隱藏自己，他不得不耍一些手段。透過保羅的周旋，他與奧爾西尼家族達成和解，為了討好保羅，公爵動用財帛、寶馬，這事辦得不露痕跡，最終，公爵將奧爾西尼家族在西尼加利亞連根拔起。

消滅了首腦後，他羅致了原本屬於敵人的勢力，使自己的統治基礎更加穩固。此刻，他已將除烏爾比諾公國以外的羅馬尼亞全部地區都置於自己的控制之下，而且他可以肯定羅馬尼亞人擁護自己，因為人們已經能夠安居樂業。

這裡，有個問題我不得不提，這值得引起我們重視且可供借鑑。就是當羅馬尼亞被征服之後，公爵發現羅馬尼亞以前的統治者都非常愚蠢，他們對此地的管理，與其說在管理，不如直接說掠奪。他們還是各種事端的製造者，使用各種手段使人們不再團結，乃致分崩離析。

於是，此地盜賊橫行，各種紛爭和暴行屢禁不止。他認為只有建立好的政府，才能讓人民信賴和服從，同時，保持地方安寧。他仔細思考了一下，決定委託冷酷而機智的雷米洛德·奧爾科負責此事。他用對人了，雷米洛德·

奧爾科只用了很短的時間，就恢復了地方上的安寧與祥和，一時名聲大噪。但公爵害怕他手段過於激烈，容易激起民憤，最終沒有賦予他太大的權力，因此在那裡設立了一個公民法庭，並選拔一位很優秀的首席法官，從而使每個城邦都擁有自己的辯護人。

公爵明白：由於以往比較嚴厲的措施已經讓不少人心懷怨恨，如今之計只有以安撫為上策，將他們爭取過來甚於讓他們心生仇恨。於是，他決定向人們表明：在征服此地的過程中，發生過一些過分殘忍的行為，但那都是他手下一些生性刻薄的大臣發動的，並沒有經過他的同意。

他抓住了一個有利的時機，判處雷米洛德．奧爾科死刑，並且在某天早晨，當眾把他腰斬在切塞納廣場，屍體旁邊放著一塊木頭，還有一把血淋淋的屠刀。這種殘忍的場面雖然讓人觸目驚心，但同時讓人民感覺大快人心。此刻，公爵勢力已經非常強大了，他有信心可以克服任何困難。他已經按照自己的想法武裝了自己的軍隊，並將可能構成威脅的鄰近勢力掃除殆盡。

不過，他如果想將霸業繼續發展下去，就得考慮一個真正的對手，那就是法蘭西國王。法蘭西國王已經認識到自己犯了讓敵人強大的錯誤，他不會

再支持公爵了。公爵也意識到這一點，於是開始設法尋找新的盟友，當法蘭西人進攻那不勒斯王國並圍困了加塔的西班牙人時，公爵將早就想好辦法了，他開始敷衍法蘭西人，他的目的是先保住自己的安全。

不過，要是教皇亞歷山大六世還在位的話，這種方法的確有效。但是，公爵一想到未來就心懷忐忑。首先，新教皇不一定對他友善，可能會奪回舊教皇賜予他的東西。為了防止這種可能的發生。

他採用四項自保措施：

第一，將所有已被廢黜的統治家族後裔趕盡殺絕，從而新教皇無力令那些家族東山再起。

第二，上面已經說過，盡力爭取羅馬所有貴族的支持，用以牽制新教皇。

第三，與樞機主教團交好，使其傾向自己這邊。

第四，趁著教皇亞歷山大六世還在世，奪得更大的統治權，以便將來用之抵禦最初的進攻。

公爵在教皇亞歷山大去世時已經完成其中三件事，第四件也完成得差不

多了：那些被廢黜的統治者後裔，在他雷霆霹靂般的殺戮下，鮮有人倖存，羅馬的貴族也已經站到他這一邊，而樞機主教團也傾向於支持他。

下一步，他想要征服托斯卡尼。他已經將佩魯加和比歐姆比諾佔領了，並且已使比薩成為自己的附屬城邦。

而法蘭西人已被西班牙人趕到那不勒斯，他也無須顧忌法蘭西人的威脅，因為法蘭西和西班牙兩國都爭相向他討好。於是，他馬上佔領比薩，那時，盧卡和西耶納非常嫉妒佛羅倫斯人，再加上恐懼，很快就會投降，對此，佛羅倫斯人也只能無可奈何。

本來在教皇亞歷山大六世去世之前，他就可以實現這些計畫，就具備完全能夠依之自立的實力和聲威，再也不需要依賴運氣和別人的力量了。

但是，在公爵四處征戰第五年，亞歷山大六世撒手人寰，他留給公爵的是處在兩個強大敵軍之間一個非常穩固的城邦——羅馬尼亞。但是，由於處在兩個強大的敵軍之間，情況依然不妙，最糟的是這時公爵自己也病入膏肓。但是，公爵勇猛卓越、才智卓越，又精通籠絡人的各種手段以及懂得「爭取不來則予以毀滅」的道理，而且在極短的時間內就為自己奠定了牢固的統治

基礎，如果不是強敵壓境、如果他身體依然健康，一切困難對他來說都算不了什麼。我們從羅馬尼亞人曾連續等了他一個多月的情況就可以看出，他的統治基礎很穩固。

在羅馬，盡管他掙扎在生死邊緣，但是，他的地位依然是不可動搖的。雖然巴格利奧尼人、維得利人和奧爾西尼人攻入了羅馬，但在那裡他們找不到公爵的反對者，因此只得放棄進一步對付公爵的想法。雖然公爵未能協助他所中意的人登上教皇之位，但是當選教皇的也不是他所反對的人。

如果亞歷山大六世去世的時候他依然健康強壯，一切就會變得容易多了。在新教皇尤利烏斯二世就任那天，他曾對我說，他對父親死後可能發生的事情早就已經有所預見，並且逐步實施他自己的解決方案，然而人算不如天算，唯一沒有算到的是父親去世時，他也病入膏肓。

我認為不但沒有非難之處，反而很值得稱頌，他可以作為那些依賴幸運或別人力量登上皇位的榜樣。他心懷遠大志向，並且勇猛果敢，他只能走這樣的路，捨此並無他途。只可惜由於亞歷山大六世教皇壽命不長和他本人患病，才使他的宏圖大業半路夭折。

因此，無論對誰來說，為了確保自己在新征服領地內的絕對統治地位，使敵人企圖進犯的陰謀無法得逞，就有必要締結盟友，有必要巧施妙計或者憑藉武裝力量讓軍隊服從自己又尊敬自己，有必要讓人們對自己既愛又懼，有必要消滅潛在的敵人；改革舊制，要既威嚴又仁慈、既寬厚又慷慨，同時，要徹底摧毀不忠誠的軍隊，創建新軍，還有必要維繫好國家的外交，讓鄰國不是歸附自己，就是不敢得罪自己。

我想，能將上述這些做得比較完美的人，除了公爵再沒有別人，他可以堪稱是在這些方面最優秀的君王。

我們唯一可以指責公爵的，就是他曾經支持尤利烏斯當選教皇，在這件事上，他的確做錯了。他就算不能讓自己中意的人登上教皇之位，他也有足夠的能力去阻止一個他不中意的人獲取那個職位，怎麼也不應該讓一個他自己曾經得罪過的，並對他懷有成見的樞機主教當選為教皇，人們會因為恐懼或者仇恨而加害他潛在的敵人。

公爵得罪過的人有：聖·皮耶羅·阿德·文庫拉、喬萬尼·科隆納、聖·喬治和阿斯坎尼奧等主教，這些人一當上教皇，一定會畏懼公爵，因此，除

了盧昂和西班牙人之外，別的人只要一登上教皇之位，就一定會畏懼公爵，這是因為西班牙人是他的盟友，而盧昂則由於與法蘭西王國的關係而擁有權力。

因此，公爵若不能舉薦一位西班牙人來做教皇，也應當選擇盧昂登上這個位子，而不應推舉聖・皮耶羅・阿德・文庫拉。

如果一個人天真地以為，只要施以新的恩惠就能使一個大人物忘卻昔日你對他的傷害，那無疑是在自欺欺人。

這些錯誤，讓公爵為自己的人生結局畫上了一個悲劇的嘆息。

教皇亞歷山大六世像

曼沙阿的大流士大帝浮雕

第八章　以邪惡之道竊取君權者

平民崛起而成為君王還有兩種方式——這兩種方式與機運或者能力的關係不大，因此我們不能將之忽略不談，更何況其中·種方式，在後面論述共和國的時候還要詳細地加以討論。

這兩種方式就是：

一、一個人利用某種邪惡卑鄙的手段竊取君權。

二、一個平民憑藉同胞之助一躍而成為故土的國王。

我想用兩個事例來說明第一種方式，一個是古時候的，一個是晚近的。我想對那些試圖效仿的人，有這兩個例子就足夠了，沒必要深究其中的是非功過。

西西里人阿加托克雷（Agathocle），原是西西里一個小小的平民，最終卻登上了敘拉古國王的寶座。阿加托克雷是一個普通陶藝工的兒子，他的行為可以稱得上邪惡，可是他的邪惡行徑在精神和肉體兩方面卻展示出不可思議的力量。他投身軍界後就一路青雲直上，最終成為敘拉古的執政官。獲

取這個職位之後，他產生成為君王的野心，並謀劃依靠暴力來實現他的企圖，而非依仗別人的恩惠。

為此，他還設法使迦太基人漢米卡了解這個計畫，那時漢米卡正率領軍隊在西西里作戰。一天早上，他以「共商國事」為名，召集敘拉古代表和元老來出席會議。然後，他發出一個事先約定的暗號，士兵立刻闖進來將在場那些元老和富豪們全都殺了。

如此一來，他輕輕鬆鬆就奪得了這裡的統治權，成為敘拉古的國王，在這個過程中，幾乎不曾遇到公民們的絲毫反抗。後來，他雖然被迦太基人打敗兩次，更使整個錫拉庫薩城都陷入圍困之中，可是他依然想出了辦法，留下一部分人馬保衛城市，而讓其餘的人去進攻非洲。如此一來，錫拉庫薩之圍不久就解除了，他此舉還讓迦太基人陷入了窘境，最後，被迫與他和談，和談的結果是迦太基人佔據非洲，而西西里則歸於阿加托克雷的統治之下。我們看看阿加托克雷這個人的生平，你會驚奇地發現他幾乎不受上蒼的眷顧。正如上面說的那樣，他是從艱難險阻中一步步走出來，並逐漸爬上高位，幾乎沒有人對他施與過重大的援助，最終，他憑藉自己的力量奪得了君權。

為了統治能夠延續下去，他採取了諸般兇險的決策，屠殺人民、出賣朋友、背信棄義、惡毒殘忍、沒有信仰，憑藉邪惡之道竊得君權，無任何德行可言，更談不上獲得榮耀的光環。但是考慮到阿加托克雷出生入死、嘗盡艱辛，他表現出來的勇敢和果斷的氣概並不遜色於任何卓越的將領。

不過，他的野蠻殘忍和慘無人道，以及罄竹難書的卑劣行為，使他失去了躋身卓越人物的行列。所以，我們不能盲目地認為他取得成功是因為命運眷顧或是個人能力傑出，事實上，他的成就與這兩種因素的關係不大。在教皇亞歷山大六世當政期間，費爾摩市民奧利維羅托自幼父母雙亡，孤苦伶仃，後來由他的舅父喬萬尼．維吉尼亞尼撫養長大。年輕時他被舅父送到保羅．威泰利手下當兵，舅父希望他在那裡能飛黃騰達。保羅死後，他進入了保羅的兄弟威泰洛佐的部隊，由於機智勇敢，加上身強體壯，很快就成為軍隊中舉足輕重的人物。但是，他從未甘心屈居他人之下，任由別人調遣。

因此，他在那些認為奴役勝過他們家鄉的自由市民和威泰洛佐的幫助下奪取費爾摩城。他在給舅父的信中謊稱背井離鄉多年，非常渴望回去探望他和故鄉，同時，能查看一下自己的遺產。他還特別說明自己希望帶著由他的朋友和侍從組成的一百名騎兵榮歸故里，讓鄉親看到他在外邊並未虛度光陰；叮囑舅父安排好體面的歡迎場面，以使他和他的隨從能得到費爾摩人民熱烈的歡迎，並且聲稱這一切將不僅會成為他的榮譽，而且還將是喬萬尼本人的榮譽，因為他是喬萬尼撫育長大的。

喬萬尼按照外甥的要求將事情辦妥了，使他受到費爾摩人民的熱情且榮耀的接待。奧利維羅托就住在自己家裡。經過數日的精心密謀後，他召開了一個非常隆重的宴會，同時邀請喬萬尼・佛吉尼亞尼和所有政要人員出席。當宴會常有的娛樂節目進行過後，賓客們也酒足飯飽了，奧利維羅托開始進行他罪惡的陰謀了——他先站起來，公然大肆頌揚教皇亞歷山大六世和其子凱撒・博爾賈的豐功偉績，稱讚他們為偉大的人物。對於他這些言論，在場的喬萬尼和其他人都做了回應。

就在這時，奧利維羅托突然說，討論這些國家大事應該選擇一個比較秘密的地方，於是他先行退入一個房間，當喬萬尼和其他人出於禮貌跟進時，預先埋伏在裡面的士兵們就衝了出來，將他們全部殺死了。殺戮之戲閉幕，奧利維羅托立刻率人包圍王宮，這讓當時費爾摩的君王十分恐懼，不得已之

下只得對奧利維羅托唯命是從，最終承認一個由奧利維羅托掌權的政府。消滅了所有對他存在敵意和可能威脅到他統治的人之後，奧利維羅托在軍政和民政方面頒布一系列法令來鞏固他的統治，雖然他當權僅僅一年，但是，這一年他在費爾摩的統治是非常穩固的，並且威震鄰國。

其實，當凱撒．博爾賈征服了奧爾西尼和威泰利後，如果奧利維羅托沒有中他的計，那麼，他地位之穩固將會像阿加托克雷一樣，遺憾的是他的君王之命已經走到盡頭了，在他蓄意滅親後一年，他和他崇拜的人威泰洛佐一同被送上了絞刑架。也許人們會感到奇怪，如阿加托克雷之類的奸狡之徒，怎麼能穩固地統治一個國家這麼多年，既能抗拒外敵的入侵，也沒有人民起來反對他。

但是，另一方面，有些君王因為拒絕殘暴，即使沒有處在兵荒馬亂的年代，而是在安享和平的時候，也無法確保自己統治地位的穩固。我想，其中的原因就在於對暴力的理解，妥善地使用暴力有時是必須的。如果可以將壞事稱為好事的話，也就是說，善用暴力是指征服者偶爾使用殘暴的手段，而這多半出於為自身安全或為臣民利益謀劃而不得已為之，而且除非為了同樣的理由，決不再三使用。而濫用則是指暴力手段越用越多，有一發不可收拾之勢。

採用前一種方式的統治者，由於得神、人之助，君王之路將如阿加托克雷一樣，地位穩固；至於採用後一種方式的君王，他的統治將可能搖搖欲墜。

總結上文，我們可以下一個結論：

君王在征服一個國家後，必須清醒地認識到自己曾經使用了哪些暴力手段，從而盡可能採取有效的補救措施，消除人民心中的仇恨，並且警惕日後不再重複那些暴力手段。

因為，如果不再發生侵害行為，就可以讓人們產生安全感，這樣，就可以透過施恩布惠的方法盡力將他們爭取過來。假如反其道而行之，不論是因為怯懦還是受人唆使，他揮舞的總是刀劍，臣民將永遠不會將信賴奉獻於他，如此每況愈下，人民心中的安全感將會蕩然無存。

暴力手段應該一次性使用，這樣對人民的傷害才會減少到最低程度，仇恨也會相應地減少；而如果按部就班地施與恩惠，人們就會逐漸將仇恨淡忘。

總之，君若舟，民若水，舟行於水上，水能載舟，亦可覆舟。因此，君王應該親近臣民，與他們和睦相處。無論有什麼意外發生，無論其是好是壞，都不要輕易地改變這個基本的準則。因為，變革一旦發生在不利的時段，就是採取殘暴的手段也為時已晚。

此時，你即使施行安撫政策也無濟於事，臣民會認為這是你一時的權宜之計，他們不會對你心存感激的。

弗朗西斯科．馬里亞．迪費爾（迪南多二世）像

皇后阿赫特的黃金手鐲．皇后阿赫特的統治時期在第十七王朝．此手鐲是古埃及十八王朝國王為其作．從手鐲可以看出當時皇后和帝王的尊貴

（摩西）米開朗基羅作．梅迪奇家族收藏

耶穌的復活．該作品是拉斐爾應紅衣主教朱利奧．梅迪奇邀請為法國納博納教堂繪製的祭壇畫．也是拉斐爾臨終前的最後一副潔作

第二篇

那些習慣在自己的法律和自由下生活的國家，如果被征服，統治它們一般有三種辦法：

一、是讓它們消失。

二、是君王親自坐鎮。

三、是在尊重他們習慣的前提下讓他們稱臣進貢，同時，成立一個對你忠貞不二的人管理的政府。

第九章 論公民君王國

下面，我們要研究的是另一種情形。如果一個普通的平民不是憑藉兇惡的手段或者陰險的行為，而是得到當地公民的真誠擁戴而成為一國君王，我將這樣的王國稱為「公民君王國」。

我想，一個普通人要想取得這種處身雲端的高位，不能單靠能力，也不能憑藉幸運，所要的是一種幸運的機智。

透過這種途徑取得君權的情況，一般有兩種原因：若非民眾支持，就是貴族擁護。通常在一個城市裡都存在兩個對立的派別，公民君王國就是建立在這樣的基礎上的：平民渴望擺脫貴族的奴役和壓迫，而貴族則希望奴役和壓迫平民。

這兩股對立的勢力在城市裡便產生了以下三種後果：

一、君王強權。

二、自由權主權。

三、放任無紀。

而強權政府的核心可能是人民，也可能是貴族。

君王不是出自人民就是來自貴族，這就要看是哪一方能夠佔上風。當貴族發現自己沒有力量與人民對抗時，他們就推出其中某一個有才能的人，並且讓他成為統治者，以便在他的權力庇護下實現他們的願望。

人民也是如此，當他們感到無力與貴族對抗時，他們就會支持自己當中的某個人獲得君權，以便得到權力的保護。在有錢人的支持下獲取的權力，要比在人民支持下獲取的權力更難以保持，因為君王的周圍會有許多人自以為與他平起平坐，因此他很難按照自己的意願對他們進行統治。

但是，一個在人民支持下登上王位的君王，君王自己是巍然獨立的，他的四周極少會有人違抗他的命令。

此外，統治者如果公正無私、不損害他人，貴族雖然會對他不滿，但人民一定會支持他，因為人民的目的遠比貴族的目的要高尚而公正。前者只是希望能不再受壓迫，後者則想要進行壓迫。

另外，畢竟人民為數眾多，如果人民滿懷敵意，君王永遠是無法安穩的。與貴族作對則不會對君王構成危害，因為貴族為數少。當然，作為一個君王，

他能夠預料對他有敵意的人民所作所為，不外乎將他拋棄，而那些敵對的貴族，他們會起來反對君王。因為貴族要比人民更加敏感而富有洞察力，他們總能設法讓自己獲救，並能從他們所預料的將會獲取勝利的人那裡取得支持。

但是，君王還是應當與人民站在一起，因為即使沒有貴族，他一樣可以行使權力，並且能隨時設立或廢黜貴族，能隨心所欲地給予毀譽。

為了弄清楚這個問題，我想應該從以下兩個方面對貴族進行討論：先要看他們的行動是不是完全憑藉幸運。若是，而且這些貴族又懂得約束自己且不貪得無厭，那就應當尊重和擁護他們；如果情形並非如此，那麼就要給他們一些考驗，看他們是否天生懦弱或者缺乏膽識。如果是，那麼你將能夠輕易地利用他們，尤其是那些機智之士，因為他們能夠為你提供一些富有建設性的意見。當你地位穩固、國家昌盛時，他們會為你高興；當你身陷困境時，也沒必要害怕他們。

但是假如他們為了自己的野心而疏遠你，你就必須警惕，並且在可能的情況下將之視為敵人。否則，一旦你遭遇大難，他們常常會首先站出來反叛你，加速你的滅亡。

因此，一個被民眾擁戴為王的人，取得並維持民眾對你的好感是很有必要的。而這對一個君王來說簡直輕而易舉。因為民眾所要求的很少，僅僅是希望擺脫受壓迫而已。

但是，如果你是一個受貴族擁護而成為君王的人，那麼，你成為君王後，第一件要做的事就是設法爭取普通市民的支持，做到這一點也不是很難，只需要盡量保護他們就可以了。如果普通的人民們從一個他們原本害怕的君王那裡得到了恩惠，必定會感恩戴德。他們會因此親近你。你若給了人民期望不到的好處，人民對你的支持將會勝過擁護你成為君王的貴族對你的支持。

所以，明君要贏得民心有許多方法。這些方法將依據各種情況而互不相同，我們無法制定出一條萬能的準則，所以恕不贅述。但我將斷言：君王必須和人民保持友誼，否則一旦災難臨頭，你將無計可施。

斯巴達君王納比斯（Nabis），抵禦了一支羅馬常勝軍和強大的希臘人的圍攻，保住了他的城市，也保住自己的統治地位。當危難降臨的時候，他只需採取一些必要的手段，控制少數潛在的敵人就可以了，但是，如果此刻人

民與之為敵的話，那麼，這樣的方法根本就起不了作用。

對於我的這種見解，誰也不要拿陳腔濫調來反對我。

那句諺語是這樣說的：

「以人民為基礎，猶如在沙上築房屋。」

但是這句話只適用於平民，如果一位平民立足於人民，並且理所當然地設想當他被敵人或官吏們壓迫的時候，這些人會來支持自己，那無疑是自欺欺人。

就像羅馬的格拉奇兄弟和佛羅倫斯的喬吉奧．斯卡利的遭遇一樣，總是發現自己落入了人民的「騙局」之中。但是，若一位君王以民為基石，且他善於指揮，那麼，他將是一個非常勇敢的人，而且若還能做到處逆境而不喪志，且不忽視其他的防禦措施，那麼，他將以自己的果敢與謀略吸引大眾，並且不會被人民所負。

因為事實上，他已經為自己的統治奠定了堅實的基礎。

這種公民君王國從平民政治轉向專制政治的時候，危險常常伴隨在它的左右。因為君王的權力並非是絕對的，他是透過各級官吏來管理國家的。完全依賴人民的人，君王只會更加軟弱無力，往往受制於擁有實權的官吏，面臨危險的時候，這些官吏若採取一些實際的行動公然反對或是拒不服從君王的命令，就很容易竊得王權，因為君王的手中實際上已經沒有什麼權力了。

在和平時期，臣民已經習慣聽從官吏們的命令，當國家遭遇大難時，他們很難遵從君王的命令。況且在戰亂之中，君王在身邊很可能找不到可依賴的人。

因此，這樣的君王不能被太平盛世的表象所迷惑：太平之時，公民對君王權威有所冀求，可以信誓旦旦，誓言為君王而死，因為此時他們還聽不到死神的鼻息。但當災難臨頭、君王需要有人為他效死命的時候，此時是君王有求於人，卻發現甘願效死的人往往屈指可數。而眼前的情況又是極其危險的，因為君王和國家很可能因此滅亡。

所以，英明的君王會想盡一切辦法讓他的臣民對他有所冀求，從而使他們一直對自己忠誠。

羅浮宮的漢尼拔雕像

美第奇陵中的雕像（思想家－洛倫佐．梅迪奇）米開朗基羅作品

第十章 論如何評估王國的軍力

在研究不同王國的性質時，必須關注另一個問題，那就是，一個君王在遇上困難時能否自救，還是得需要他人的援助。為了進一步探討這一問題，我認為只要他能利用已擁有的人力、財力組織與敵人同樣強大的軍隊，那麼，他可以面對任何敵人的入侵。那些無力抗敵、只能依賴他人的君王，只能被迫躲在城牆裡面固守城池。我們在前面已經討論過前一情形，以後還將論及。

如果是第二種情形，我奉勸君王不要顧及城外的領地，而只管備足糧草、固守城防，不要力圖面面俱到。任何一個君王，如果在城外有堅固的堡壘，而且他和臣民之間也一直和睦相處，那麼，外敵很少會來進犯他。因為最困難的事莫過於去進攻一個壁壘森嚴、統治者與臣民上下一心的國家，征服這樣的地方，成功的機會太少了。

日爾曼的城市中農田很少，人們享有完全的自由，他們認為情況合適才會服從君王，同時，一點也不懼怕本地君王和鄰近的其他君王。他們的防禦體系非常完善，誰都知道想要攻陷這種城市將異常艱難，甚至曠日費時。所有城市的四周壕溝與城牆遍佈，並裝備了足夠的大砲，城市的官倉中還儲備了足夠一年用的食物和燃料。同時，為了對人民供給的穩定而同時國家也沒有損耗，他們一年到頭總有辦法讓民眾在關係該城市命脈的勞動中和供給人民衣食的行業中勤勞地工作。他們也從事軍事訓練，在相關方面制定和頒布了很多規章制度。因此，君王若擁有一座固若金湯的城市，而人民又不對他心存怨恨的話，將不會受到攻擊。假如有魯莽來犯之敵，最後也必將倉皇敗退。因為世事變化無常，一支軍隊不可能整整一年圍困一個城市，這樣，對他自己也將是一個沉重的負擔。

如果有人反駁說：那些在城外置有產業的人，不會坐視他們的私有財產被別人搶奪，他們會出於保衛私產的利己之心，而忘記君王的恩惠，從而為守城之戰加入不可知的變數。我認為不然。凡是明智勇敢而無愧於人民的君王，他能在最緊要的關頭凝聚臣民們的必勝之心，克服困難；他會用希望來鼓舞臣民，讓他們知道面臨的苦難終將完結。當然，有時他也會讓臣民們對敵人的殘暴感到恐懼，然後，他會巧妙地處置那些企圖乘亂謀反的臣民，使自己遠離危險。我們說得更深入一點，如果敵人不能攻克城市，定會在城

市四周燒殺劫掠，這時，要是士氣旺盛，人民決定誓死抵抗，那麼，君王絕不能對某些圖謀不軌的人猶豫不決，否則一旦拖延時日，將會士氣消沉，那時，就將災難臨頭，再怎麼挽救也無濟於事。

當然，人民在抗敵時，私有財產包括房屋財物等等，都會不可避免地受到損毀，此時，君王應表明會對人民責任，那麼，人民將會更加義無反顧地與你站在同一條戰線上。實際情況是無論施恩也好、受恩也罷，都只有一個目的，就是讓人們產生責任感，有了這種感覺，人民將會緊密團結、誓死效忠。

我們可以下這樣的結論：只要君王足夠賢明謹慎，只要他備好充足糧草、防禦體系完備，就完全可以將他的臣民組織起來，共同反抗敵人的侵略。

（聖羅馬諾之戰）烏西羅創作的板上油畫．現藏於烏菲齊美術館．1560 年．美第奇家族把柯西摩一世建造的公國政務廳辦公室變成了烏菲齊美術館．並在烏菲齊設立畫廊．1581 年公開展出美第奇家族的眾多藝術收藏

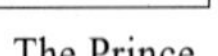

第十一章 論教皇國

本章將對教會管轄下的王國進行一系列的探討。

如果想建立教皇國，主要困難將來自於國家建立之前，也就是如何征服一個國家的問題，這個過程要麼依靠強大的武力，要麼就得憑恃命運，給你足夠的運氣。

但是要在這樣的國家裡保有統治權，憑藉的就不是上面所說的兩點了，而是古老的制度和世代沿襲的宗教規則。而這些規則和制度在這些國家裡是根深蒂固的，而且它具有這樣一種特性：它無須過問教皇國的君王如何行事和生活。

因此，君王擁有了城市卻無須防守，擁有了臣民卻無須治理。盡管在表面上，教皇國像一座空前巨大的不設防國家，但是，他卻不擔心他國來奪取其統治權，臣民沒有被約束和管轄也沒關係，因為他們從不背離自己的君王，這是他們能力之外的事，也是他們從不敢想的事。

所以說，這種形式上的國家無疑是非常安穩的。探究其原因，我們會發現，之所以會出現這樣的國家，是因為這些國家的主體精神不是君王的智力或者國家的武力，而是另一種更高層次的力量，那就是上帝把守的同時賦予世俗教會的神聖力量。

在此我不多做談論，因為輕率地評論這種權威和力量，將是一種冒失而愚蠢的行為。

既然這樣，我想也許有人會問我，教廷怎麼會取得如此強大的世俗權威呢？我們拉開歷史的卷軸，從教皇亞歷山大六世一直追溯至義大利最初的掌權者們，將包括君王、貴族和領主們都漠視教會世俗權威的人。

然而，在當今時代，強大的法蘭西國王面對教會的世俗權威也不禁顫抖，因為教會用事實證明它可以輕而易舉地消滅威尼斯人，將法國人掃除出義大利。事情說來很簡單，但是，我覺得有必要再次喚醒一下我們那段沉睡的記憶。

在義大利受到法蘭西查理國王入侵之前，這個地方已經存在幾股勢力，其中包括教皇、威尼斯人、那不勒斯國王、米蘭公爵和佛羅倫斯人。這些勢力最關心也最頭疼的有兩件事：

第一，阻止其他勢力進入義大利，瓜分這塊大餅。

第二，是互相制衡，不允許任何人再擴張領土，在這中間，最需要提防的是教皇和威尼斯人。

遏制威尼斯人跟保衛費拉那道理相同，眾多小國必須聯合起來，結成同盟。而為了遏制教皇，他們在羅馬貴族中製造事端，使其分裂為奧爾西尼和科隆納兩個派別，並讓他們相互衝突。他們手執武器在教皇面前互相攻擊時，連教皇也毫無辦法。

雖然上天也許會降下一、兩個像西克斯托斯那樣英勇果敢的教皇，但是無論命運如何眷顧，或是試用怎樣的詭謀，都不能讓他們的煩惱完全消除。

這是因為教皇當權時間僅僅只有十年，這麼短的時間根本不足以使兩個派別之間的紛爭平息，當然，也談不上鎮壓兩派中的任何一派。

即使某一個教皇幾乎要將科隆納家族完全毀滅，可是等到新的教皇上任，他很可能會對付奧爾西尼家族，這就給了科隆納家族生存的空間，使其有再度崛起的機會。

而為了扶持科隆納一派，新教皇往往又拿不出足夠的時間去對付奧爾西尼一派，更別說毀滅了。這就是為什麼教皇的世俗權威始終被義大利各方勢力漠視的原因。

然而，這種情況卻在亞歷山大六世崛起後有所改變了。

亞歷山大六世繼位之後，功績卓著，超越所有的教皇。因為只有他顯示出一個教皇能夠利用金錢和武力達到自己的目的。他把瓦倫蒂諾公爵當做工具，並且抓住法國入侵義大利的大好機會，建立教會強大的世俗權威。

盡管亞歷山大六世的目的是為了幫助公爵擴張勢力，而並非出於樹立教廷的世俗權威，但他努力的結果卻使教會在世俗樹立強大的權威成為事實。

當他和他的兒子相繼去世之後，教會坐享他的功績，他努力的成果也隨之煙消雲散。

接著，教皇尤利烏斯二世上任。他察覺到教會強大的力量，因為它已成了羅馬尼亞實際的統治者，羅馬的貴族們也都被鎮壓得差不多了，貴族們之間的派別之爭也在亞歷山大打擊下被徹底地掃除。尤利烏斯二世還發現在亞歷山大六世之前不曾有過的斂財的方法。

尤利烏斯不僅完全繼承這一切，而且決定繼續進行下去，並且使其豐滿

和完善。他決定佔領波羅那，同時征服威尼斯人，並讓義大利的國土上再也見不到法蘭西人。

這些設想，他都一一實現了，這為他帶來了極高的聲譽和榮耀，而且更值得讚美的是他所做的一切都是為了增加教會的世俗權力，而不是為了私利。

他還設法讓奧爾西尼和科隆納兩派活動在他的控制範圍之內。儘管在他們當中有一些能夠左右局勢的大人物。

但有兩件事對這些大人物形成了威懾：

其一，是教會世俗力量的強大，讓他們心有所懼。

其二，是他們兩派中的人被禁止擔任樞機主教。

因為一旦他們得到樞機主教的職位，將會成為更大風暴的源頭。那時候黨派之爭就會無休止地進行下去。因為這些主教一定會在羅馬內外扶植他們的同黨，那裡的貴族也將會為他們提供保護，最終導致那裡的貴族之間發生分裂和衝突，進而威脅到整個國家的穩定。

我們期望，教會能得到世人更多的愛戴和崇敬，如果說前任的幾位教皇

已經使教會擁有了強大的世俗力量，那麼，如今的教皇應以無盡的美德與博愛，為教會增添無上榮光。

西斯科特五世 (1585-1590)

洪諾留三世（1216-1227）

第十二章　論類型各異的軍隊以及雇傭軍

在本書開頭，我曾提及要討論的各種王國的特性，如今已經論述清楚了。同時，對王國興衰的根本原因以及締造王國的方法和維持王國的各種措施作了深入細緻的探究。

現在，有必要就這些王國可能採取的攻守之道做一番深入的探討。前文已有詳細說明，君王統治國家必須有牢固的基石，不然滅亡之日必不遠矣。而所有的國家，不管是新的國家、舊的國家或是半新半舊的混合國，其立國的根本在於健全的法律和優良的軍隊，因為若沒有優良的軍隊，法律就無法健全。

所以，擁有良好的軍隊則必然有健全的法律。在這裡，我不想討論法律，只想談談軍隊。

我認為保衛王國的軍隊有如下幾種：

一、是君王自己擁有的軍隊。

二、是雇傭軍或外國援軍。

三、是以不同方式混編而成的外國援軍和雇傭軍有害無益。

君王若將統治建立在這樣的軍隊上面，那麼，他將永無安寧之日，更別說保障自身安全了，因為這種軍隊並不團結。他們的內部通常勾心鬥角、各懷鬼胎，不但紀律鬆散，有時還可能背信棄義。他們習慣遇見朋友耀武揚威，遇到敵人倉皇出逃。

他們心無上帝，不以誠待人。假如你的國家使用了這樣的軍隊，卻還能長時間不敗，那也不過因為敵人延遲了對你的進攻而已。

因此，雇用了這樣軍隊，在和平時期你要忍受雇傭軍對你的掠奪，而在戰爭時期你又要面對敵人對你的掠奪。你時刻都在蒙受損失。之所以會發生這一切，其根源是因為雇傭軍除了平時得到一些微薄的傭金，他們心中根本不存在愛心和忠義，因此沒有任何驅動力讓他們效死命於沙場。

所以，只要沒有戰爭，他們就願意做你手下的士兵；如果戰爭一起，他們就會潰不成軍、狼狽逃竄，想證明這一點是輕而易舉的。

義大利國土的分崩離析，就是長期依賴雇傭軍而導致的惡果。雖然雇傭軍並非絕對一無是處，有些人也曾因為得到他們的幫助而獲得高位。雇傭

軍在彼此的決鬥中也表現得非常勇猛，但是，當強大的敵人出現在他們面前時，他們就原形畢露了，以至於查理八世只是揮舞一支粉筆就輕而易舉地攻佔了義大利。

有人說，落得這樣的下場是義大利人的過錯，或許他說得沒錯，但決不會是他歸結這些錯誤的原因不對，因為這是那些君王們的過錯，他們也因此付出了慘重代價。

我可以用進一步的實例來說明雇傭軍的不可靠。雇傭軍的首領們也許是兵家能手，或者也可能是無能之輩。如果他們能做而且勝任他們的位置，他們會因此無法取得君王的信任，因為善思者為己謀，不是讓君王感覺飽受威脅，就是濫用職權，未受王命卻敢於欺壓他人。

另一方面，如果雇傭軍的首領無能，那麼作為君王的你很可能就會毀在他的手上。

也許有人會進一步辯駁：只要人們手中掌握了武器，無論他們是不是雇傭軍，都會對你構成威脅。我認為不然，當一個國家不論是王國還是共和國非出兵不可時，那麼，君王應當親臨前線，鼓舞士氣。共和國則應當派遣一

個合適的人選前往前線，如果這個人不能勝任統帥的工作，應當立刻撤換；如果這個人有能力勝任，那麼，應當約之以法，規範他的行動，使之不行越軌之舉。

歷史的經驗告訴我們，只有自己帶兵行動的君王和武裝起來的共和國才能穩固地統治一個國家，雇傭軍則是沒有任何理由值得信賴的。

我們必須清醒地認識到：讓一個用憑藉自身力量武裝起來的共和國服從某個公民的意志是非常困難的，而讓一個依靠外國力量武裝起來的國家服從某個公民的意志則相對容易得多。

許多世紀以來，羅馬與斯巴達都擁有自己的武裝軍隊，因此能長久享有自由。至於瑞士人，他們是武裝得最徹底的人，因而享有完全的獨立與自由。

至於沒有自己的武裝軍隊而依賴雇傭軍導致災難的迦太基人，他們的例子會讓我們察覺到雇傭軍的危險，雖然迦太基人委派了自己的公民擔任雇傭軍的首領，但與羅馬人初次開戰之後，他們差一點被雇傭軍篡權。

埃帕米儂達去世之後，底比斯人請馬其頓的菲利浦來統領軍隊，指揮作戰，但未料取得勝利之後他們卻得接受菲利浦的統治。

菲利浦公爵死後，米蘭人便雇傭法蘭西斯科．斯福查去進攻威尼斯人，等到卡拉瓦焦之戰打敗敵人之後，法蘭西斯科．斯福查卻聯合威尼斯人，倒戈相向，進攻他的雇主米蘭人。

那不勒斯女王喬萬娜曾讓斯福查之父擔任軍隊的統帥，可是他突然棄女王而去，導致了軍隊如一盤散沙。

女王喬萬娜為了拯救她的國家，被迫投進阿拉貢國王的懷抱。

當然，也有與上述情況不同的例子，威尼斯人和佛羅倫斯人就曾嘗過雇傭軍的甜頭，並用他們為自己開拓疆土、擴張勢力，而那些雇傭軍的首領不但沒有竊奪王權的野心，而且還竭力保護他們。

佛羅倫斯人算是備受上帝的寵愛，雖然他們一直對那些能做的雇傭軍統帥不完全信任，生怕他們會篡奪王權，然而事實上，這些人都因一些原因而沒有表現出自己的野心：

一、一些人因為沒有打勝仗。

二、一些人遇上了強敵。

三、另一些人則將勃勃的野心用到了別的地方。

約翰．奧庫特就屬於未能取得勝利的那一類人，正是因為他沒有打敗敵人，他是否忠義就無法評論了。然而每個人心裡都清楚：如果他打了勝仗，佛羅倫斯人就將臣服在他的腳下。

法蘭西斯科面對的是布拉奇奧家族這樣強大的對手，因此他只能將他的野心用在倫巴底，而布拉奇奧家族則認為自己的主要對手是教廷和那不勒斯王國，因此將矛頭指向他們。

看看最近發生的事情吧！佛羅倫斯人請保羅．威泰利統領最親近的軍隊，此人一向老奸巨猾，出身平民，卻能坐上高位而且名聲顯赫，假如他征服了比薩，佛羅倫斯人的自由也將結束了——因為，既然雇傭他，就只好服從於他，否則若被敵方所雇傭，那麼佛羅倫斯人將一敗塗地。

如果我們分析一下威尼斯人的所作所為，我們就會發現，他們進攻大陸前，一直都是自己人在作戰，無論是武裝的平民還是貴族都表現得英勇善戰，取得了輝煌進展。可是當他們轉向大陸作戰時，他們拋棄了這種英勇氣概，開始學習義大利式的戰法。

威尼斯人在大陸擴張的初期，一來由於地盤還不夠大，加上那時名聲顯

赫，所以他們一點也不害怕雇傭軍將領。

可是後來，隨著卡爾米紐奧拉的指揮，他們攻佔的地盤逐漸擴大的時候，他們便開始嘗到這個錯誤的苦頭。由於卡爾米紐奧拉指揮他們戰勝了米蘭公爵，他們發現卡爾米紐奧拉具有卓越的軍事才能。

但與此同時，卡爾米紐奧拉則表現得越來越無心征戰，於是，他們認為，不可能指望在他的指揮下繼續贏得勝利。但是他們又不願也不能將他解雇，否則，他們將失去已經佔領的一切。

因此，他們為了免受其害又確保自己的安全，只好將卡爾米紐奧拉殺了。他們又先後雇傭巴爾托洛梅奧・達・貝爾加莫、魯伯托・達・聖・塞維諾言、皮蒂里亞諾公爵等為將領，這樣，他們就處在一種對失敗的憂慮之中，最終卻一無所獲。

終於，惡果出現在維拉，八百年來他們辛辛苦苦獲取的一切，就在一場戰役中化為煙塵。

由此可以看出，依靠雇傭兵，就算是能有所獲，也是微不足道並且還來得既慢且遲，可是由它來斷送征戰成果，卻快得使人難以相信。如果要對雇

傭軍了解得更多，就有必要知道雇傭軍的起源和發展，才能有效地利用他們。

早年隨著在義大利的羅馬勢力衰敗，教皇的世俗權力大增，那時，義大利諸侯分裂、小國林立，貴族在一些大城市遭到人們的聯合抵制——這些貴族過去之所以能統治這些城市，是因為有神聖羅馬帝國的支持。隨著神聖羅馬帝國在此地的勢力衰敗，教會開始援助這些城市，支持各個城市的反抗，其目的是使其世俗權力得到擴張。

某些市民在反抗中得到了城市統治權，成為城市的實際統治者。沒過多長時間，教廷和各種共和國旗幟就插在義大利各大城市的牆上。雖然教士與市民成了義大利的真正統治者，但是，他們不會打仗、不懂軍事，這就給外國雇傭軍進入義大利創造了條件。

首次使此種軍隊名聲大噪的是羅馬尼亞的阿爾貝里格．達．科尼奧。他的手下能人輩出，如先後成為義大利統治者的布拉奇奧和斯福查。

在他們之後，別的將領又接過指揮的旗幟，統率雇傭軍直至今日。但是，雇傭軍給義大利帶來了法蘭西王查理八世、路易十二的蹂躪和劫掠；西班牙國王斐迪南多的暴政，還有瑞士人的踐踏。

雇傭軍慣用的伎倆如下：剛開始時，他們透過削弱步兵勢力和聲譽來抬高自己的威望、增強自身的勢力。

之所以這樣，是由於他們沒有自己的領地，只能依靠雇主給予的微薄收入維持生計，然而，如果步兵人數太少，他們使用這種方式也無法贏得很大聲譽，而步兵人數太多又無力供養。

這樣一來，他們只好又選擇騎兵，而且保持一個相當的規模，這樣他們將名利雙收。

於是出現了一個古怪的現象：一支兩萬人規模的軍隊，步兵不過區區兩千人。

除了上述的方法，他們還有諸多措施可以使用，竭力使自己的士兵減少勞苦和傷亡。他們在戰鬥中從不進行屠殺，卻喜歡捕捉俘虜，戰鬥一過，也不要敵方贖金就將俘虜釋放。

他們向來不夜襲城市，而城中的防軍也不夜襲敵人的營地。在他們的軍營周圍見不到壕溝和柵欄，一到冬季，他們就放下武器，不再戰鬥。

這些已經是他們不成文的軍事慣例，為了避免疲勞和危險，他們想出了各種絕招逃避艱險，結果導致了義大利備受敵人的奴役和蹂躪。

米開朗基羅參與了設計和裝飾梅迪奇家族專用教堂的工作. 並創作了（晝）.（夜）色晨）.（黃昏）四座經典的雕刻

聖母子曾藏於梅迪奇家族

第十三章 論三型軍隊——外國援軍、混合軍和本國軍

外國援軍通常沒有什麼作用，這是人所皆知的。當面臨險境時，君王請求其他強國派來進行援助的軍隊，可以稱之為「外國援軍」。這幾年，因為雇傭軍的戰鬥力非常差，教皇尤利烏斯二世就經常這麼做。他開始求助外國援兵，他和西班牙國王斐迪南多達成協定，斐迪南多同意給他提供軍事援助。這種透過協議借來的援軍或許擁有很強的戰鬥力，可是對於你來說，卻十分危險。

因為如果他們失敗了，你依然孤軍作戰；如果他們勝利了，你將很可能為他們所制。

此種例子，自古至今不勝枚舉。我可以舉出一大堆來，但我認為，引用教皇尤利烏斯二世的例子比較恰當，人們對發生在他身上的事情應該記得還很清楚。他的一部分行為實在是愚蠢到了極點。

為了征服費拉那，他竟然愚蠢到將自己的命運交到外國軍隊的手中，不過，上天顯然對他特別眷顧，由於發生了一個意外，更大的不幸才沒有降臨

到他身上。意外事件是這樣上演的：

西班牙援軍在杜文納大敗於法蘭西軍隊，就在這時，戰場上突然出現了瑞士軍隊，趕走法蘭西人，這樣的結局誰也沒料到。一方面，他的敵人倉皇逃出了戰場，教皇因此沒有被敵人所俘；另一方面，幫助教皇獲勝的不是他心目中的西班牙援軍，而是瑞士人，這也使他避免淪為外國援軍的俘虜。

佛羅倫斯人沒有自己的武裝力量，卻借來上萬名的法蘭西士兵攻擊比薩，這種做法是非常冒險的。君士坦丁堡的帝王同土耳其蘇丹結盟，借來一萬名土耳其士兵進犯希臘，企圖征服他的鄰國，但戰爭結束了，土耳其卻不願離去，希臘由此開始遭受異教徒的奴役。

因此，我想說，如果你不想取得勝利，那就請利用危險要比雇傭軍大得多的外國援軍吧！因為外國援軍其實也是一個導致毀滅的因素，因為外國援軍內部團結一致，而且完全服從另一個君王的指揮，這和雇傭軍性質不同。

如果雇傭軍打了勝仗從而企圖篡奪王權，他們需要精心準備和找尋良機，這些都需要很長的時間。雇傭軍是接受你的雇傭而來到你身邊的，由你向他們發軍餉。他們來自四面八方，因此並非一個整體，他們的首領想加害

你，必須在短時間之內建立足夠的權威，但這通常是不可能的。

所以，就雇傭軍而言，懶散和怯懦是他們最危險的表現；而對外國援軍而言，英勇強悍反而是最可怕的。

所以，作為一個英明的君王，應該拒絕借用外國援軍，而應該完全使用自己的力量。哪怕自己的軍隊吃了敗仗，也勝過靠別人的軍隊打了勝仗又反為別人所制的情況。

證明我的觀點一點也不難，切薩雷．博爾賈的事蹟就是一個好例子。這位公爵依靠外國援軍控制了伊羅拉和弗里，但是他很快便發覺手下的軍隊並不可靠，於是他轉而依賴雇傭軍了。

這是因為他感覺到外國援軍的不可靠，雇傭軍對他潛在的威脅要小得多，於是他選擇雇傭奧爾西尼和威泰利的軍隊。但是，在雇傭期間，他又發現雇傭軍也很可疑，他們為非作歹，顯示出極高的危險性，於是公爵毅然消滅了他們，轉而完全依靠他自己手中的力量。

在這裡我們應當注意：當公爵依靠法國援軍和依靠奧爾西尼以及威泰利的雇傭軍，還有後來他依靠自己的軍隊時，他的聲名截然不同。我們從中很

容易看出這些軍隊是多麼大相徑庭。

我們發現，最後眾人終於知道他是自己軍隊的唯一主人時，他便聲名大噪，人們紛紛向他表示自己的擁護和尊重，這在過去任何時候都不曾發生過。我不願意空發議論，撇下義大利去談一切是無濟於事的。但我也不願閉口不談敘拉古的錫耶羅。

前面已經說過，當敘拉古人將他推舉為軍隊的統帥後，他很快就發現像今天義大利人那樣四處請人組織成的雇傭軍是沒什麼好處的，這些人既不好管束又無法解雇，於是他狠下心來消滅了他們。此後，在他統率下作戰的就是自己的軍隊而不是外國援軍了。

我想起《舊約》裡涉及到這個問題的一個比喻：大衛勇敢地請求所羅門王同意自己與菲利士人的挑戰者歌利亞決鬥。所羅門王為了給他鼓勵，讓大衛佩戴自己的鎧甲，但是，大衛試穿了一下就立刻謝絕了。他說，您的盔甲讓我無法發揮自己全部的力量，所以他寧願用自己的投石器和刀子去和敵人戰鬥。

總而言之，別人的鎧甲很可能不符合你對鎧甲的要求，要麼過大，要麼

壓得你不堪重負；要麼過緊，以至於讓你束手束腳，無法發揮正常的實力。

法蘭西國王路易十一的父親查理七世，依靠自己的幸運和能力，從英格蘭人手裡解救了法蘭西。他認識到組織自己武裝的重要性，於是，在他的王國裡頒布了一整套有關騎兵和步兵的法令。

但是，他的兒子路易十一卻廢除自己國家的步兵，開始招募瑞士軍隊。歷史的教訓顯示，這個錯誤以及後來的種種謬誤，助長了瑞士軍隊的威風，終成國家的禍患；而自己的士兵則垂頭喪氣。

因為他完全廢除自己的步兵，並且讓騎兵依賴外國援軍，法國騎兵和瑞士兵協同作戰久了，則形成這樣的習慣——他們認為，若是離開瑞士兵就無法取勝。結果是法國失去了和瑞士作戰的能力，而沒有瑞士軍隊他們也沒有能力與別的國家作戰。

這樣一來，法國的軍隊就成為一支混合型軍隊，其中有雇傭軍，也有他自己的軍隊。

這種軍隊從總體上來說要優於單純的外國援軍或單純的雇傭軍，但比全部都是本國的軍隊畢竟差得遠了。

上述情況證實了一點，如果一直貫徹查理國王的主張，那麼，法蘭西王國的鐵騎將橫掃整個歐洲。

人們常常很草率和片面地考慮其中的隱患，就像我們先前提起的消耗熱病一樣。所以，一個不能在禍患初生時就立即認識到它的君王，不能算是明智的，具有這種天賦的君王卻是鳳毛麟角。

分析一下羅馬帝國覆滅的根本原因你將會發現，其主要原因就在於招募哥特人進入軍隊。此後，帝國的力量日衰，而羅馬帝國的尚武精神及力量泉源全被哥特人取走了。

所以，我認為任何王國不擁有自己的軍隊，等於將統治的權力拱手送給別人，也就是說，若是他沒有一支在生死關頭甘願效死、忠誠不渝的軍隊，命運會讓他悔恨不已。明智之君應當牢記這句古話：

不堪一擊者，莫過於不憑藉自己的力量而獲得的權勢和榮譽。

所謂自己的軍隊，是指依靠自己領地的臣民建立起來的軍隊，除了自己的軍隊，其他所有軍隊不是雇傭軍，就是外援軍。

因此，如果你熟知上述四人的謀略，或者你若是留神看看亞歷山大大帝

之父菲利浦以及其他君王和共和國是怎樣來建立自己的軍隊的，我可以肯定，你很容易就能找到很好的方法來組織自己的軍隊。

（羅蘭之歌）藏於羅浮宮．作品描繪了戰爭廝殺後英雄末路情景

波斯國王居魯士宮殿遺址

（荷拉斯兄弟之誓）雅克．路易．達維德（法國）創作．荷拉斯是古羅馬時代的一個家族．古羅馬共和制時期．羅馬人與比鄰的吉利芡亞人發生了戰爭．但雙方了的人民卻（有著通婚關係．在這場戰爭中．荷拉斯兄弟被選出來與敵人進行格鬥

第十四章　論君王治軍

擁有君王的身份，就意味著你應該捨棄其他的志趣，時刻操心戰爭及其軍隊的組織與紀律，這是作為一個國家統帥必須掌握的藝術。

世襲君王想保住統治地位，就必須掌握軍事。因為這門藝術同樣能讓那些生而為平民的人躍居雲端的高位；反之，如果君王醉心於貪圖享樂而疏於國事，他即使不亡國也離亡國不遠了。

亡國的第一個原因就是忽視軍事，此乃奪取王權之重要職責。

法蘭西斯科．斯福查以平民身份達到米蘭公爵這樣的高位，就因為他醉心研究軍事之道，但他的後人卻又淪為平民，就是因為疏於軍事之道。

為君者不整軍經武，其應有的軍事力量就會削弱，人們就開始輕視你，明智的君王應當時刻警惕這一點，避免遭受此種恥辱，這一點我在後面將會論及。一個沒有武裝起來的人在一個武裝起來的人面前幾乎是不堪一擊的。

因此，如果你期望一個武裝起來的人老實地服從一個尚未武裝起來的人的調遣，或不曾武裝的君王苟延殘喘於武裝過的臣僕之中，那是不現實的。

因為臣僕們將會蔑視這樣的君王，而君王則會疑神疑鬼，君臣很難上下一心。因此，那些不懂調兵遣將的君王除了會嘗到自己製造出來的苦果外，還不能在自己的士兵面前樹立威信，同樣地，他自己也無法信賴手下的士兵。因此可以想像，君王關心軍事是理所當然而且是必須的。

明智的君王往往會做到比戰時更加注意自律，他會時時刻刻從行動以及思考這兩方面去努力學習。在行動方面，確保士兵勤於操練，軍紀嚴明是第一要務。

此外，君王應時常去野外狩獵，以強健身體來應付將來可能遇到的各種困難。狩獵更深層的意義在於熟知各種戰場的地形地貌，了解山峰谷地的起伏、平原的開闊，以及河流沼澤的分佈。對於所有這一切瞭若指掌，將可以給他帶來兩種好處。

首先，君王可以熟知自己領地的地形，考慮軍事策略就可以加入這一因素。

其次，依據狩獵而累積的知識與經驗，對於日後行軍打仗只有好處沒有壞處。

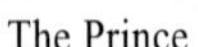

例如，托斯卡尼的丘陵、山谷、平原、沼澤以及河流，與其他地區的地形總有相似之處。

因此，把握一個地區的地理特徵，就很容易推知另一地區在這方面的情況。

一個缺乏這方面知識的君王，也等於缺乏一個統帥所應必備的一個重要條件；因為熟悉這些知識，他就會懂得怎樣去發現敵軍，如何選擇安營駐紮的地點、如何修築防禦工程，以及如何利用各種有利的地形條件攻擊敵人等等。

歷史學家最樂於談論的是阿卡亞人的君王菲洛比蒙的主要事蹟。即使在和平時期，菲洛比蒙也從未對研究作戰之法懈怠，他的精力大部分都貫注在軍事上面。每當和朋友們經過鄉村的時候，他總會情不自禁地停下來和他們討論：

「如果前面山丘後面突然出現了敵人，而我們的軍隊卻在這裡，那麼是哪一方佔有地利？我們擺開什麼樣的陣形可以有效地打擊敵人？如果我們想撤退，該怎樣做出處置？如果敵人退卻，我們應當如何組織追擊？」

他和朋友們一邊散步，一邊談論著各種可能遇上的問題，仔細聆聽他們的設想和建議，同時，加入自己的見解，最後，還加以論證。

這樣不斷進行討論，當他率軍馳騁於戰場時，任何可能發生的意外都將在他的掌握之中。

此外，一個明君如果想訓練自己的思維，研讀無疑是首選。了解歷史上偉大人物的生平事績，對於他們怎樣用兵很有利。

成功事例可以效仿，失敗的事例則值得警惕，以避免步其後塵。君王應當以某個備受讚美和尊崇的先賢為榜樣，時常揣摩他的所作所為，並銘記於心。

這就好像亞歷山大大帝總在效法阿基里斯、凱撒總在效法亞歷山大、西比奧效法居魯士一樣。

如果你讀了色諾芬所描述的居魯士傳記，你就會明白，西比奧效法居魯士，給自己的一生都帶來了榮耀，而且，西比奧在潔身、仁慈、寬宏大量方面，和色諾芬所描述的居魯士的品格特性簡直一模一樣。

賢明的君王必須不懈地去實踐這些方法，和平時期也應積聚財力、研究

軍事，為將來的戰爭做準備，而不要無所事事。若能這樣，遇上危難他就能爭取主動、應付自如了。

（十字軍占領君士坦丁堡）任何時候．戰爭都是殘忍的．該作品中描繪的是1204年14月12日西方征服者十字軍的殘暴行為

（三勇士）戰爭催生了許多英雄．不分國界．不分疆域．三勇士就是俄羅斯民族傳說中的英雄．他們不惜一切保衛民族的精神被世代傳頌

第十五章　論世人受褒貶的緣由

根據上文所述，我想有必要探討一下君王對待臣子和朋友所應採取的原則、方法和措施。

關於這一點，已有許多人著書立說，如今，我也想就此談一下自己的一點看法。但是我所持的觀點可能有點標新立異，因此，我希望不要被人誤認為是目中無人才好。

我寫書的目的是讓人了解一些有用的東西，所以我必須注重事實，而不能隨便臆想。許多人都喜歡想像那些不曾見過、不能肯定是否真實存在過的共和國或王國，但是：

人們想要如何生活，和實際上怎樣生活差距很大。

所以，如果一個人置現實於不顧，做事只憑想像，那麼只會誤人誤己，走上滅亡之路。我們會驚訝地發現：

一個人如果在任何情況下都固執地抱著行善的準則，那麼，他置身於眾多心懷不軌的人當中，一定會遭受滅頂之災。

所以，要想保住自己的地位和權勢，君王應當知道用權，在把握仁與不仁的分寸上，不能頑固不化。

所以，拋開那些想像中的為君之道吧！更多地注重實際。我認為，那些被人議論不休的人——尤其是身居高位的君王——他們的某些品格之所以會被人視為典型，是因為以下的原因：

有的被贊為慷慨，有的則被貶為吝嗇；
有的被視為樂善好施，有的被看做貪得無厭；
有的仁義慈悲，有的冷酷無情；
有的一言九鼎，有的言而無信；
有的勇敢強悍，有的怯懦軟弱；
有的平易近人，有的桀驁不馴；
有的紈絝輕浮，有的荒淫無道；
有的誠信可靠，有的奸邪陰險；
有的寬宏大量，有的頑固不化；
有的老成持重，有的輕率冒進……

一個君王如能表現出上述種種好的一面，他必會為人擁戴。但是，一個君王不可能將那些好的品格全部擁有，或者將好事做得面面俱到，因為人不可能十全十美。

所以，他最需要小心的是避免做出亡國之舉，另外，如果必須利用那些不會招致亡國的惡行，那就不必感覺不安。

假如我們仔細思考這些事情，就會發覺，表面美好的事情暗地裡卻不一定對你有好處；表面上看似邪惡的事情，有時卻能給你帶來安全和利益。

拿破崙三世套房中的餐廳（羅浮宮）

亞歷山大三世橋

上帝不包攬一切，命運也非無時無刻都在左右，除了這些，還需要您的努力。

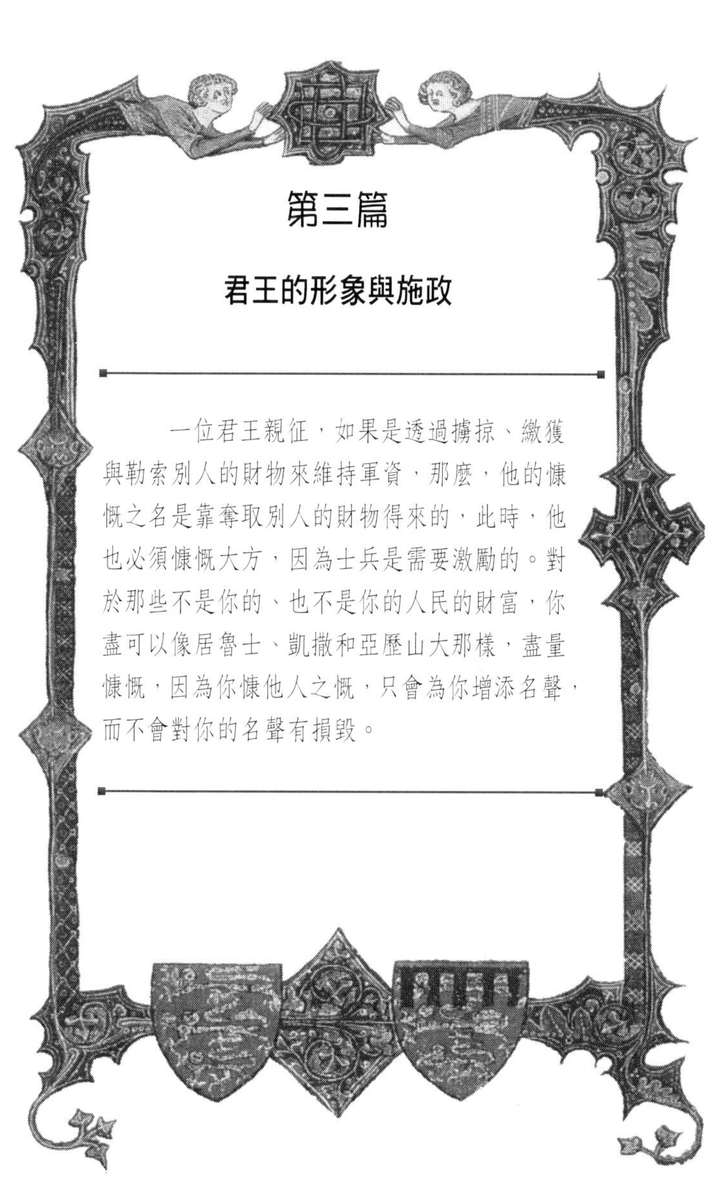

第三篇

君王的形象與施政

一位君王親征，如果是透過擄掠、繳獲與勒索別人的財物來維持軍資，那麼，他的慷慨之名是靠奪取別人的財物得來的，此時，他也必須慷慨大方，因為士兵是需要激勵的。對於那些不是你的、也不是你的人民的財富，你盡可以像居魯士、凱撒和亞歷山大那樣，盡量慷慨，因為你慷他人之慨，只會為你增添名聲，而不會對你的名聲有損毀。

第十六章　論兩種品質——慷慨與吝嗇

前文我們已經涉及到這兩種品格，本章將對其進行詳細探討。

擁有第一種品格的人被人們譽為慷慨或許很好。但我認為，一旦你因為慷慨而獲得榮譽和名望，你很可能將反受其害。但如果你機智地運用這種品格慷慨行事而不為人所知，你將無法贏得人們的認可，甚至會遭到誣衊。

所以，一個人如想在人們面前享有慷慨之名，就得生活節儉，以至於常常會耗盡家財。到最後，為了維持慷慨，你將會徵收各種額外的苛捐雜稅，肆意不擇手段地攫取錢財，加重人民的負擔。這會促使臣民仇恨你，當耗盡資財的時候，沒有人會尊重你。這種慷慨的結果是受害的人多，而受益的人少，因此，一旦有災禍降臨，你就可能先受其害。而當你認識到這些，打算改變做事的原則時，各種吝嗇的罵名就會在前面等著你了。

君王如想利用慷慨來矇騙世人，到最後一定會害人害己，所以，如果君王夠明智，就應該在這方面謹慎從事，不必介意吝嗇的名聲。如果透過節儉使國庫充裕，從而有充足的財力來維持自己的軍隊、抗擊外敵侵略，並在建

功立業的同時，一點也不加重臣民的負擔，那麼，要不了多久，人們就會認識到君王的慷慨了。

最後，他能使大多數人領受慷慨的好處而又無所失，只對很少的人表現出吝嗇，人們只會擁戴他，而不會給他罵名。

在我們的時代，吝嗇者往往能創立蓋世功業，而沒有此種罵名的人卻全都湮沒在歷史的塵埃裡了。教皇尤利烏斯二世雖曾借助慷慨的名聲登上教皇之位，但後來為了擴張，他就丟棄了這個虛幻的名聲。當今的法蘭西國王雖然征戰多年，但從不加重人民的負擔，這完全是靠他長年的吝嗇節約，為國家節省了大量因奢華場面而需要花費的金錢。今天的西班牙國王若是以慷慨聞名，就不能創下偉大的功業。

英主成功之道就在於能在不對老百姓掠奪的前提下保護自己。為了避免窮困而受人民辱罵，為了避免被迫對臣民巧取豪奪，君王應慷慨地接納吝嗇之名，因為這是治理好國家必須背負的惡名之一。

也許有人說：「凱撒因慷慨而得王權，而且同樣的例子發生過許多。」那麼，我會這樣回答：「你這樣說，只是因為你正在爭奪王權，或者已經身

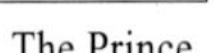

為君王了。」如果你正在奪取王權，那麼，被人譽為慷慨是十分有利的。

凱撒是那些力求獲取羅馬君權的人物中的一個，但是，當他奪得羅馬統治權後，如果不開源節流，帝國的根基就會動搖，他的統治地位也會不保。假如有人反駁：世界上曾有很多這樣的君王，他們四處征戰建立了偉大的事業，同時還享有極高的慷慨之名。

對此我的回答是：君王創業所費的財物，有的是自己的，有的是老百姓的，還有就是別人的。若是第二種情形，他必須精打細算；若是第一種情形，他是不會樂意時常表現自己的慷慨的。

一位君王親征，如果是透過擄掠、繳獲與勒索別人的財物來維持軍資，那麼，他的慷慨之名是靠奪取別人的財物得來的，此時，他也必須慷慨大方，因為士兵是需要激勵的。對於那些不是你的、也不是你的人民的財富，你盡可以像居魯士、凱撒和亞歷山大那樣，盡量慷慨，因為你慷他人之慨，只會為你增添名聲，而不會對你的名聲有損毀。

只有當你耗盡自己的財產時，災難才會降臨到你的頭上。

總而言之，君王必須謹記：慷慨的消耗為世上所有事情之最。

當你得意於你的慷慨時，你正在失去慷慨的能力。

下一刻，窮困和受人輕視就會等著你，或又因為想要避免陷於貧窮而貪得無厭、惹人憎恨，而吝嗇招人非議，但卻不招人憎恨。

如果寧願耗盡資財去追求慷慨的虛名，那麼，你的臣民就會跟著你受苦，這樣一來，你就會失去他們的擁戴，他們只會憎恨你。

瑪麗．萊辛卡皇后．瑪麗．萊卡皇后為路易十五時期的法國皇后

（荷拉斯兄弟之誓）雅克．路易．達維德（法國）創作．荷拉斯是古羅馬時代的一個家族．古羅馬共和制時期．羅馬人與比鄰的吉利艾亞人發生了戰爭．但雙方了的人民卻（有著通婚關係．在這場戰爭中．荷拉斯兄弟被選出來與敵人進行格鬥

第十七章　論殘酷與仁慈

本章我要談談前面提到過的另一種品格。

我覺得，無論哪一位君王都想獲得仁慈之名，而不願背負殘酷的罵名。

但是，君王享有仁慈之名時，也要注意不能濫用仁慈。切薩雷·博爾賈有「殘酷君王」之稱，但是，他卻用他的殘酷統一國家，並為那裡帶來了和平與安寧。

如果我們仔細地研究，就會驚奇地發現，博爾賈的仁慈尤勝佛羅倫斯的人們，後者曾為了避免殘酷之名而坐視皮斯托亞毀於一旦。

所以，君王應不太介意殘酷這個惡名，如果這個惡名能使臣民團結一致和同心同德，少量的殘酷行為比起過分的仁慈導致盜匪縱橫、生靈塗炭，要仁慈有用得多，因為後者將損害帶給了整個社會，而君王的殘酷往往只是針對個人罷了。

新君王與其他君王有所不同，因為尚未穩固的統治常常冒險，為了抵制這些危險，殘酷之名將會不離他的左右。

正如大詩人維吉爾透過狄多之口為其統治時期的殘暴行為做出的辯解一樣：

我的命運之基未固，踏足的王位有些飄忽，
腳下的領地，讓我違反初衷——另選他途，
以我手中的權杖，為了捍衛我的疆土，
將用我的殘暴，面對所有的征服，
即使這樣，君王應當細心謹慎，不輕信他人。

當然，也沒必要凡事都疑神疑鬼、寢食難安。他應當慎思明辨，以王道為懷，仁慈而有節制，不至於因為過於輕信他人而讓自己流於魯莽；也不要因為猜疑而顯得自己心胸狹窄不能容人。

在這一點上歷來都有爭論：身為一個君王，受人愛戴比受畏懼孰好？我認為：最好是二者兼顧。但是，兩者都做到似乎有些困難。對此，君王必須有所取捨。

那麼，受人畏懼要比受人愛戴更安全。

因為人們的心性通常不定，很容易反覆無常、背信棄義，他們裝模作樣，

趨利避害唯恐不及。要是你對他們有好處的時候，他們是屬於你的。那是離在你需要他們還很遙遠的時候，可是到了這種迫切需要的時候，他們就會背棄你而去。

因此，君王如果完全信賴人們所說的話，他就要滅亡。因為用金錢而不是依靠偉大的精神取得的友情，是買來的，根本就不牢靠。

當你對他們恩惠有加時，他們對你也似乎是一心一意。在你不需要他們時，他們情願為你流血，奉獻自己的財產、性命，乃至子女。

可是，當你需要他們時，他們就會棄你而去。你要是缺乏其他準備而完全相信他們的說辭，則必將自取滅亡。這是因為不是靠偉大的崇高精神而只是靠金錢得到的友誼，盡管付出了代價，但是很難保持，而且在關鍵的時刻是不能夠依靠的。

另外，人們冒犯愛戴之人的顧慮要比冒犯自己所畏懼的人少得多，因為愛戴乃是靠恩義來維繫的。

由於人性的惡劣，人們常常會為了一己之利而忘恩負義。可是畏懼之心，則因為擔心受到懲罰而會長久地留存著。

明君應當這樣來使人畏懼——要是無法贏得愛戴，那麼，也要盡力避免被人憎恨。因為既使人畏懼又不被憎恨是能夠同時做到的，這並不困難，只要不打臣民們的財產及其妻女的主意就可以了。

在需要制裁任何人的時候，應當有真正合理的理由以及明確的證據。最重要的是，千萬別妄動他人的財產，人們忘記失去父親的遺產要比忘記失去父親更為艱難。

另外，謀財不愁沒有藉口，聰敏的人總會想到冠冕堂皇的理由；但與此不一樣的是，害人性命卻不容易找到理由，即使找到理由，這個理由也會隨時消失。

君王親臨軍中指揮軍隊時，就無須顧忌殘酷之名，因為如果存在這個顧忌，結果只會讓軍隊難以團結一致，從而綁手綁腳地戰鬥。

我們可以舉漢尼拔驚人的行動為例，他統領了一支由許多民族混合組成的大軍，征戰於國外，無論遇上幸運還是遭遇壞運，士兵與將領官兵都從未有過內訌，簡直不可思議。仔細探究其中的原因，我們發現這得歸功於漢尼拔的殘酷手段以及其非凡的才能，這使他的士兵一直對他心存崇敬和畏懼。

否則，如果僅僅依靠他的才能，是不可能達到這種效果的。然而，那些只知道紙上談兵的歷史學家們，在歌頌漢尼拔傑出成就的同時，卻也對漢尼拔的殘酷頗多毀譽，這是他們沒有深入了解到殘酷對於戰場的重要性罷了。然而，漢尼拔僅僅依靠其他能力很難成就大業，這可以從西比奧那裡得到證明。

西比奧不只在當時，即使是在歷史的長河中也是罕有的。與他不相為謀的軍隊在西班牙背叛了他，就因為他的仁慈讓士兵享有了過多自由，為此，他在元老院受到法比尤斯．馬克沁的抨擊，並被稱為羅馬軍隊的破壞者。

洛克倫斯居民曾受到西奇比奧的一名使節的壓迫，可是西奇比奧卻不曾為他們報仇雪恥，也不曾懲罰過這個目空一切的使節，一切都是因為他很仁慈。

在元老院，有人為他辯護，說某些人懂得怎樣使自己不犯錯誤，勝過懂得怎樣矯正別人的錯誤。西比奧身為最高統帥，是由於他的榮譽和名聲，但他的寬厚仁慈遲早會使一切全都喪失的。於是，他在元老院的監督之下，不僅抑制自己的仁慈，還因此贏得了更大的榮譽。被人畏懼或是愛戴，我覺得

這完全取決於人們的意志，而君王的意志正是能使人產生畏懼心理的重要因素。

一位君王如果夠明智，他就應該知道，如何將自己的地位和意志凌駕於別人的地位和意志之上，並受自己掌控。

如上文所述，仇恨才是他應該避免的。

（考文垂伯爵夫人像）從這副作品中．不難看出舊時歐洲貴族婦女生活風尚

教皇利奥十世和兩位紅衣教主．這是拉斐爾在去世前 3 年完成的一副傑作．畫上三個人物是新教皇利奥十世．紅衣主教路易兹．德．羅西．教皇的外甥樞密官米里奧．德．梅迪奇

第十八章 論如何做一個守信的君王

第十八章 論如何做一個守信的君王

大家都知道，君王應當言出必踐、誠摯守信、正大光明、不用權謀。但是，歷史和這個時代的經驗與教訓都告訴我們，創下蓋世功業的君王一般都不重視守信，而是樂於使用權謀，讓人無所適從，並最終利用不光明的手段征服那些誠信的人們。

根據上面所說的，你必須清楚古往今來存在兩種爭鬥方法：

其一、訴諸法律。

其二、武力征伐。

第一種方法為發自人類內心，而後一種方法則是類似野獸的野蠻行徑。但是，前者常常使人有力難使，所以訴諸後者的越來越多。因此，君王就必須熟知獸性和人性的應用之道。關於這一點，古代的作家們早已將這點詭秘傳之於世，君王很容易就知曉這一點。

例如，阿基里斯或是其他許多有名的君王，自幼由半人半馬的怪物喀戎

所撫養，在牠的訓教下成人。我提及這個故事的用意，只是想說，既然君王以半人半獸的怪物為師，那他就應當明白：

如何運用人性和獸性。並且要深知：人性和獸性必須兼備，缺哪一種都不行。

君王如果掌握了運用野獸的方法，那麼，狐狸與獅子將是他樂意效法的對象。因為獅子無法躲避陷阱，而狐狸無力抵抗豺狼。所以君王首先要做一隻狐狸，辨識陷阱，同時，又必須是一頭獅子，震懾豺狼。

然而那些只知道強用暴力的君王卻不懂這個道理。所以，當遵守信義對自己有害時，或者當初使自己許下諾言的狀況現在不復存在，那麼，作為一位明君就不應該死守信義。如果人人為善，此箴言也就不足為訓了。

但是，人性常惡、守信不渝正如童話，很少有人遵守，那麼你還對他們守信就沒必要了。要知道背信棄義的正當理由很容易找到，這對一個充滿智慧的君王來說簡直是輕而易舉。

我想在這一點上，無數近代的實例已經將其中的道理說明得很清楚了：諾言及協議會因君王們不守信義而作廢無效，而最大的成功往往出現在那些

懂得如何做狐狸的人身上。

但是，獸性必須是隱密的，不應該輕易暴露，君王應當努力做好偽裝和表面上的好人。人們總是會輕易相信一個人，並且會因為眼前的需要而受制於人，因此，騙子總能找到上當受騙的人。

亞歷山大六世精於騙術，除了欺騙從不做別的事情，也許他從沒有打算做一些誠實的事情，可是各種上當受騙的人物總會在他的騙局中出入，這是因為他的發誓賭咒總是令人無法抗拒和難以忘記，比任何一個人還要信誓旦旦，讓人無法不相信。他肯定地說出某一件事情，轉眼之間就可能用一種理由推翻它。

然而，即使這樣，他的騙局總能圓滿地結束並達到效果，這是因為他深深地了解人民在這方面的心理。我認為，作為一個君王，不需要具備上述所有的品格，但是，有必要讓人民以為他全部具備。

我可以斬釘截鐵地說：

如果君王具備所有的好品格，且一直本著這些品格做事，他將不會得到好下場；但如果他只是表面看上去具備所有的品格，那就會受益無窮了。

你可以顯得信守承諾、慈悲為懷、仁義蓋世、廉潔奉公、敬仰上帝——並且時常照著這些品格去做；但你時時做好心理準備，當需要顯露本性時，你能夠立刻反其道而行之。

你必須明白：對一位君王尤其是新君王來說，不可能好事做盡，為了君權穩固，常常會拋棄誠信、仁慈、情理、信仰等各種美好的品格。

因此，君王必須要認識到，命運的風向一轉，世事變幻就需要你見風轉舵、隨機應變。

當然，在正常的情況下，他要盡可能地恪守正道，但是，一旦情況有變，他就必須懂得如何去應付突發狀況。

因此，聖明之君要時刻注意，不能輕視以上各種美德——你的隻言片語都必須洋溢著這些美德的泡沫，而且要說得毫不猶豫，讓人們親眼、親耳地觸及你「充滿美德」的心胸，這樣，才能讓所有的人傳頌你篤守信義、慈悲仁愛、講究人道、景仰神靈的優良品格。

相對來說，君王最應具備的就是「景仰神靈」的品格。因為普通人都習慣於用自己的眼睛來判斷，很少用手去判斷一個人；人人都看得見你，但鮮

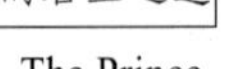

少有人能夠摸透你。少數人無法對抗大多數人，因為後者受國家最高權威支持。人們對於無法向法院提出控訴的行為，特別是君王的行為，往往會用事情的結果來判斷其好壞。

君王如能順利征服一個國家並維持住他的統治，那麼，人們將投之以榮譽的光環，甚至極高的聲譽。因為常人往往迷惑於事情的表象或結局，而這個世界正是充斥著這樣的常人。

當多數人聯合在一起發揮群體力量的時候，少數人再如何強硬也無法扭轉大局。

我不指名道姓地提出當代一位君王，他除了空談和平與信義之外從不說別的事情，但其所作所為卻盡背道而馳。

假如他都盡力按照和平或者信義的信條去治理國家的話，那麼，他也許不可能擁有這麼高的名望以及如此大的權力。

庇護七世 (1800-1823)

聖馬可教堂的精緻門頭（威尼斯）. 這裡陳列了不少十字軍從君士但丁堡帶回的戰利品

第十九章　論君王如何避免臣民的蔑視與憎恨

關於本書在前面提到的君王的品格，我已經討論了其中一些重要的品格，現在，我與大家討論一下君王如何避免臣民的蔑視和憎恨。

一個君王，如能避免臣民的憎恨與蔑視，那麼，他所做的也就足夠了，就算還存在某些惡行，也不會引起公憤。人最憎恨者，莫過於貪得無厭以及霸佔臣民的財產和妻女，對這兩種醜惡，君王一定要時刻警戒不能捲入其中。就絕大多數人而言，財產未失、榮譽未損，他們就能安居樂業、擁戴君王。

君王做到了這一點，就可以集中精力與極少數心懷野心的人對抗，那麼制服他們就是件很容易的事情了。

君王如果被臣民們認為：喜怒無常、輕率懦弱以及優柔寡斷，那麼，他一定會被臣民們輕視。而對此種危機，君王必須得像提防暗礁一樣時時提防著這一切。他應努力在行為舉止中向人們展示其偉大、勇敢、威嚴莊重以及堅韌不拔。當他決策的問題關係到臣民的私事時，就應當公正決斷。他還應

在人們面前樹立一種形象——沒人能夠愚弄他。

如果君王能在人們的面前樹立這樣的形象，一定會備受人們的愛戴和敬重，而任何試圖推翻一個深受崇敬、卓越非凡的君王的陰謀都很難得逞。

所以，一個君王應提防兩個危險：

其一、來自內部，即自己的臣民。

其二、來自外部，即外國勢力。

如果是後一種危險，只要手中擁有足夠強大的武裝力量和親密的盟友就能夠抵擋了，其中自身擁有強大的武裝力量是最重要的，因為有了強大的力量，各種盟友都會向你獻殷勤。這樣一來，如果內外安定，君王的統治就會很穩固。

即使突發外患，只要君王照我說的沉著應對和機智安排，他就能像斯巴達的納比德那樣擊退所有敵人的進攻。

當外無敵人進攻時，他必須慎防臣民的陰謀叛亂。針對這一點，君王只要不為民眾所憎恨和蔑視，能令百姓安居樂業，那麼，他就能安撫臣民，保住統治地位。

這件事情君王必須切記，因為心懷不軌的陰謀者總是希望自己推翻君王之舉能夠取悅於民。但是，如果他們意識此舉非但不會贏得人民的感激，反而會遭到人民的憎恨，那麼，他們就要對自己的行動考慮再三了，以免得不償失。

歷史早已經告訴我們：陰謀政變時有所聞，但最終得逞者屈指可數。

因為陰謀家不可能單獨成事，他們一定會聯合或尋找懷有同樣動機的人一起發動陰謀。但是，除了那些他認為對君王同樣心懷怨恨的人之外，他很難再找到同謀。當你向一個野心家吐露自己的心聲時，等於給了他一個達成心願的良機，因為他的各種欲望可以得到滿足。

如果他清楚地知道抓住這個良機就能受益無窮，反之，就是毫無勝算、危險重重，如果在後一種情況下他還能為你守密，那他的確是一個很好的盟友，甚至還是對君王充滿怨恨的人。

總而言之，對於陰謀者而言，危機不外以下幾種：恐懼、顧慮、煩躁、猜疑等等。相反的，君王身後有整個國家和威嚴法律的支持，又得眾多朋友相助，以及還有人民的全心擁護，因此，面對這種情況，陰謀者不敢貿然發

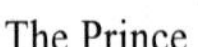

動叛亂。按照常理來說，陰謀者在進行陰謀的過程中，總是戰戰兢兢、心懷忐忑，而犯罪之後又擔心與全民為敵，使得他更加提心吊膽，以至於整天惶惶不可終日。

雖然我能舉出無數的事例來論述我的觀點，但是，我只想舉一個例子——因為這已經足夠了。這件事還清晰地留在我們長輩的腦海裡。

波羅那君王麥瑟·安尼巴勒·本蒂沃里，也就是當代麥瑟·安尼巴勒的祖父，他被人陰謀殺害之後，人民立即團結起來將陰謀者坎尼斯基家族殺得一個不留。這是因為本蒂沃里家族一直受到本地臣民的真誠擁戴，他們愛戴這個家族已經到了全心全意的地步。

本蒂沃里家族在坎尼斯基家族的屠殺下，除了當時年幼的麥瑟·喬萬尼·本蒂沃里之外，家族中沒有一個人能存活下來。雖然臣民已經為其雪仇，但是本蒂沃里能夠掌握這個國家權力的人已經全都罹難了，人們非常失望。不過，幸好在不久後，他們聽說在佛羅倫斯還有本蒂沃里的一個嫡系後裔，只是先前被認做是鐵匠之子。他們立刻將他從佛羅倫斯接來，讓他來統治整個國家，臣民們全力輔佐這位好不容易得來的君王，一直到麥瑟·喬萬尼親政。

綜上所述，君王只要為民心所愛戴，就不必擔心陰謀者的叛亂；但如果當人民對你充滿了敵意和憎恨時，你前進的道路上將會步步荊棘。

在一個秩序良好的國家，如果還能擁有一位明智的君王，那麼，以下兩點必須注意：

一、不要任意壓迫富人，也要讓普通臣民滿足。

我認為在當今時代，法蘭西王國在這方面做得最完美，其結構也最完善。走進這個國家，無數優越的制度擺在我們面前，它們維持了國王的自由與安全，使其高枕無憂。最值得一提的是這個國家的「議會」，當年組織法蘭西王國的人十分了解貴族傲慢的心理以及其對權力的野心，因此認為約束他們，有必要給他們一些限制。

二、君王也知道人民懼怕貴族，甚至憎恨他們，便盡力給他們以安全感。

然而，他不可能對這種事親歷親為。於是，議會就在國王的提議下產生了，該機關作為第三者，既可避免君王由於袒護人民而受到貴族非難，又可避免由於袒護貴族而受到人民的憎恨，如此一舉數得，國王也不必親自來彈

劾貴族，維護平民的利益，因為那已經是議會的職責了。

因此，對君王與國家來說，世上再沒有什麼制度比這還要健全、審慎和安全了。

如此一來，我們也可以得出一個非常重要的結論——明君應該委託他人去做那些必須承擔嚴重後果和責任的事情，但施恩的事情卻必須親自處理。由此推出下一個結論——君王要在呵護貴族與保護人民的天平上找到一個平衡點，不要輕易打破這個平衡。

有些人熟知羅馬皇帝們的事蹟，也許透過研究他們，有些人的觀點會與我的觀點相左，這是因為他們往往注意有的皇帝在其生命的某段旅程裡展現了某種偉大的精神品格，顯示出卓爾不群的能力，但是，他們卻沒有注意到這些人最後很可能也丟了王位或者被陰謀者殺害。

我想，人們將會不難從他們滅亡的原因中找到他們想要的答案，這也是為什麼我與他們抱著不同觀點的原因。

其實，其中的原因我在前面基本上都提到過，並且即將詳細說明的時候，我將加入一些在那個時代必須注意的事項。我覺得，不妨將從哲學家瑪爾庫

斯開始，一直到馬克西米諾斯時期的羅馬皇帝們先列出來，這其中包括：瑪爾庫斯，其子科謨多、培爾丁納科斯、朱利安、塞韋羅斯和兒子安東尼努斯．卡雷卡拉、馬科辛諾斯、赫里奧加洛、亞歷山大．馬斯米諾斯。

首先，我要說明，在其他國家，君王只要提防貴族的野心和人民的詭謀就可以了，但羅馬皇帝們除了要面對這兩個危機，還要承受第三個危機——這個危機導致諸多皇帝走上了毀滅之路，那就是必須容忍士兵們的殘暴與貪婪。這是個解不開的死結，因為君王很難同時滿足軍隊和人民的需要。

因為人民嚮往和平，所以希望君王仁慈而寬厚；而軍隊崇拜威風凜凜、縱橫無忌的鐵血君王，因此希望君王像管理軍隊一樣管理人民，這樣一來，他們就可以任意地將貪欲發洩在人民的身上，還能獲得雙倍的軍餉。

因此，羅馬的皇帝們有的由於因未能從祖輩那裡繼承崇高的聲譽，有的則因自身能力所限無法憑自己的力量贏得崇高的聲譽，從而不能駕馭軍隊和人民，最終不得不走向毀滅。

在這些君王之中，尤其剛登上王位不久的君王，在權衡人民與軍隊的輕重方面，總是理所當然地選擇軍隊這一方，而不在乎將人民作為軍隊的犧牲

品。這樣做的確是形勢所迫，因為在明裡暗裡都有眾多的人在覬覦王權的寶座，為了能保護自己，君王必須籠絡軍隊。

但是，他在籠絡軍隊時，應該先設法避免遭到人民的仇視，如果實在不能做到這一點，那只有盡力避免受到人民中最有勢力團體的憎恨。當然，這樣做是否有利於君王，還在於君王最終能否樹立威望，從而駕馭軍隊。

瑪爾庫斯、培爾丁納科斯和亞歷山大，他們全都是正義的擁護者、人道的宣揚者，他們溫和可親、反對殘暴。但正是由於這些原因，後兩者都沒有落得好下場。只有瑪爾庫斯生前享有盛譽，死時得了善終，這是因為他有世襲的權力在背後支持，沒必要屈從於人民和軍隊的要求。

另外，他的許多美德也使他備受世人的敬重，所以軍隊和人民在他的統治下都很安分，他也從來沒有遭到他們的蔑視與憎恨。但是，培爾丁納科斯卻一反軍隊的意願，登基為帝之後，他還想讓原本橫行無忌的軍隊規規矩矩、老實下來，這令那些習慣了科譟多時期四處肆虐日子的軍隊無法忍受，怨恨由此而生，於是連同憎恨和輕蔑，在培爾丁納科斯垂老之年，軍隊終於謀反了，培爾丁納科斯因此沒得善終。

我提醒大家注意：並不是只有惡行才被人厭惡，善行也可能招人憎恨。

因此，正如我在前面論及的，君王如想保住身下的寶座，往往不得不行惡。這是因為對於一個君王來說，沒有什麼事比保有統治更為重要了。那些能夠給你支持的人，不管是普通大眾、軍隊還是貴族，無論他們是否已經腐化墮落到怎樣的地步，當你需要他們支援的時候，你就必須滿足他們的欲望以換取他們的支持。如果此時你按照所謂的善良和正義去行事，那麼，滅亡之期肯定離你不遠了。

我們再來看一看亞歷山大的結局吧！他的仁慈善良人所共知，更令人驚歎不已的是他在位十四年間，竟無一人是未經審判就被處死的，這使他名聲遠播。然而，亞歷山大卻被認為是一個軟弱無能的人，因為他總是聽任母親的支配而自己毫無主見，於是人們很輕視他，最終發動兵變，將他殺了。

與亞歷山大不同，科謨多、塞韋羅斯、安東尼努斯·卡雷卡拉和馬科西米諾斯，全是貪婪成性、殘忍暴虐的君王。他們為了討好軍隊而任由士兵們殘害人民，因此到最後，除了塞韋羅斯，其他的人都遭到了可悲的下場。塞韋羅斯能力卓越，因此能駕馭軍隊，雖然他也壓迫人民，但是能安穩地坐在

王座上。無論是在士兵眼中，還是人民的心中，他都是一個傳奇人物。人民總是對他心懷畏懼，軍隊則對他充滿崇敬，任其調遣。

就一個新君王來說，他的確可以稱得上傑出非凡，在這裡，我想簡單地說一說他如何成功地扮演狐狸和獅子這兩種角色，就像前文說的那樣，君王必須把握狐狸和獅子的習性。

塞韋羅斯心裡很清楚，朱里安皇帝昏庸無道，已是不值得侍奉的君王，於是，他設法說服了自己統率駐紮在斯洛文尼亞的軍隊，並讓他們知曉培爾丁納科斯被禁衛軍殺害的消息，因此順理成章地舉起為培爾丁納科斯報仇的旗幟。他矇騙了所有的人，並且從未在人前暴露自己篡位奪權的野心。

當人們還對他的策略有所期待的時候，他已經到了義大利，之後順利進入羅馬，元老院見一切已經發展到不可阻止的地步，只能棄卒保帥，將朱里安殺了，推選他當皇帝。

之後，塞韋羅斯還想將整個帝國納入自己的統治之下，但是存在兩個障礙：

其一、亞洲駐軍的統帥佩森尼奧．尼格努斯已在那裡自行稱帝；

其二、西方執政官阿爾比諾也暗懷野心，覬覦帝國的統治權。

塞韋羅斯心中很清楚，兩邊作戰異常危險，最後，他決定進攻尼格努斯。於是，他給阿爾比諾寫了一封信，假意非常誠懇地說，元老院已決定選自己為皇帝，但自己願意和阿爾比諾共用這一尊榮，元老院也已批准，不日即將進行加冕。阿爾比諾對此信以為真。塞韋羅斯很快就消滅了尼格努斯，平定了東方的勢力，回羅馬後，他向元老院對阿爾比諾提出指控，說阿爾比諾正在使用陰謀詭計，

因此，必須對他的忘恩負義加以懲罰。然後，塞韋羅斯對駐在法國的阿爾比諾發動進攻，將阿爾比諾的政權和生命一同消滅了。

細細分析塞韋羅斯的行為，你將會發現他不僅僅是一頭無比兇猛的獅子，而且還是一隻非常狡猾的狐狸，他取得了人民大眾的敬畏，卻又能贏得軍隊的支持。

所以，對於像他這樣一個異軍突起的新君王，居然能夠統治這樣巨大的帝國，我們無須驚奇，因為他的崇高聲譽，足以使大部分人忘記對他的仇恨。塞韋羅斯的兒子安東尼努斯的能力也非常卓越，他很受人民的敬愛，同時，

他又受到軍隊的歡迎。他非常好武，為人驍勇剽悍、吃苦耐勞，他從不喜歡奢華浪費，這讓他在軍隊中贏得了崇高的聲譽。

不過，他太過暴虐殘忍，一生嗜殺，曾屠殺了羅馬的大部分居民以及亞歷山大城的所有居民，其暴行簡直到了駭人聽聞的地步，因此深為世人所痛恨，連終日伴隨他左右的人也都惶恐不安。

最後，他被自己軍隊中的一個「百人隊」隊長殺死了。這個例子告訴我們：只要有足夠的膽量蓄意加害君王，並敢於勇敢地面對死亡，那麼，君王就有可能被你殺死。

因為即使狡猾如狐狸、兇猛如獅子的安東尼努斯在這樣的刺殺面前也未能倖免。

然而，君王不必憂心忡忡，這種事是極為罕見的，只要君王留意不嚴重傷害隨身侍從以及伴隨左右為國效力的人就可以了。安東尼努斯就是因為沒做好這一點才被殺的。他殘暴地殺死那個「百人隊」隊長的弟弟，還不斷恐嚇、威脅那個隊長，但卻仍然讓他擔任禁衛隊長，這種愚蠢、冒失，無疑是自取滅亡。

現在，我們來談談瑪爾庫斯之子科謨多。他因世襲權力而登上帝位，因此，他只要繼承其父的意志，繼續保證軍隊和人民相安無事，他就能安穩地坐在他的王座上。

可是，他秉性殘忍，野蠻的習性使之到處魚肉百姓，他還十分溺愛軍隊，放任他們四處肆虐。同時，他還不顧皇帝的尊嚴，經常去角鬥場和角鬥士競技，而且時有卑劣的事情在他身上發生，那些事情根本不是皇帝應該做的。因此，他在士兵們的心中威望盡失。

最終，他被憎恨他的人們合謀殺死了。至於馬里諾，他是一個好戰成性的君王。上面已經提及，亞歷山大皇帝的優柔怯儒令軍隊十分不滿，於是亞歷山大被殺，軍隊推舉馬里諾為帝。但是，馬里諾身上也存在兩件使他被人憎恨和輕蔑的事情，所以他的統治也注定不能長久。

其一、他出身卑賤。人們都知道，他曾經是特拉瑟的牧羊人，這對一個皇帝來說是一件不體面的事情。

其二、他被推舉為帝之後，沒有立即趕往羅馬登基，反而放任手下的行政官肆虐欺壓附近一些國家和地區，做了許多令人髮指的暴行，這使他

名聲盡喪。

這兩件事加起來導致了下面的結果：

他的卑賤出身遭到全世界人的輕視，人們畏懼他的殘暴，對他心懷怨恨。於是，非洲首先反叛，其後，羅馬的元老院和全體羅馬人民，乃至整個義大利都共同反對他，最後，連他的軍隊也加入了謀反——他的軍隊圍攻阿奎列亞，久攻不下，但是，仍然要忍受他的虐待，因此十分惱恨。此時，有些士兵已經意識到他樹敵太多，因此對他的恐懼之心大減，於是聯合起來將他殺死了。至於赫里奧加洛、馬里諾斯及朱利安，他們遭到人們普遍的蔑視，因此很快就被消滅了。

當今時代，君王如果想遏制軍隊過多的欲望，將比過去容易很多，盡管他們同樣擔心軍隊的反叛而要對其進行安撫，但大多能夠迅速將這些問題解決。因為，當代君王都不曾擁有一支像羅馬皇帝那樣與政府和地方行政當局擁有密切聯繫的軍隊。

假如說，在羅馬帝國時代，君王覺得軍隊比人民對他更重要，那麼，當代的君王（除了土耳其和蘇丹之外），在軍隊和人民之中，將會首先選擇人

民，因為後者的力量是無窮的。

土耳其之所以不在此列，是因為土耳其的皇帝手中始終握著一支軍隊——大約有一萬名步兵和二萬名騎兵，皇帝就依靠這支軍隊來維持他的統治，沒有了這支軍隊的支持，皇帝也就不稱其為皇帝了。

所以，土耳其的皇帝將會優先考慮軍隊而後才能談到其他的問題。與土耳其的情形類似，蘇丹國王為了獲得軍隊的支持，盡力去討好軍隊，而對人民他往往漠不關心。

值得關注的是：蘇丹的統治與其他任何王國都不盡相同，它與教皇國有些類似，其性質既非世襲王國，也非新生的王國。在這個國家，上一代君王的子孫不一定能繼任君王，王位繼承人的決定權握在那些享有特權的人的手裡。有一個古老的慣例已經在這個國家沿襲很久了：君王雖然是新近選舉出來的，但是，古老的秩序不會改變，因此，新君王簡直就與世襲君王沒什麼兩樣。

我們再回到問題的中心吧！我想，只要稍稍思考一下上面討論的內容，任何人都會明白，羅馬皇帝們的滅亡就是因為憎恨或者輕蔑，這是一個定律。

在那些君王中，有的行為是照此進行的，有的行為則正好與此相反。

因此，只有一些皇帝能夠獲得利益，其餘的都遭到不幸。對於同是新君王的培爾丁納科斯和亞歷山大來說，想要繼承並仿效世襲王位的瑪爾庫斯，非但徒勞無益，而且將深受其害。

同樣的，卡雷卡拉、科謨多、馬科辛諾斯，想要學步塞韋羅斯更是危機重重，因為他們根本不具備塞韋羅斯那樣的才能。他們只是去照搬瑪爾庫斯行事的手段和方式。

作為一個新的君王，你沒有必要去追逐塞韋羅斯或者瑪爾庫斯的影子。不過，如能機智地從他們身上學到一些建國、安民的方法，也能使你的統治更加穩固。

聖母大教堂內景

妖瑞溫的（伊巴密濃達之病床）現藏於阿姆斯特丹的荷蘭國家藝術收藏館

第二十章　論築城之利弊以及君王統治

有些君王為了將自己的國家牢牢地控制在自己的手中，就採用解除臣民武裝的辦法；

有些君王則採用對王國內的各個城市分而治之的辦法。

有些君王則樹敵處處，導致那些人一起來反對自己。

還有一些君王則力求在登上王位前獲得最多的臣民的支持。

有些君王則喜歡築城建堡來鞏固自己的統治。

但有些君王卻棄城壘於不顧。

不同的君王會採取不同的統治方法，所以，王國的具體情況得具體分析，否則，很難掌握真實的情況，但我想在這個問題允許的範圍內探討一下築城之利弊以及君王統治。

新生的君王根本沒有解除臣民武裝的打算，情況恰好與世襲的君王相反，他們總是力圖將羸弱的臣民們武裝起來，使之成為自己的武裝。有了強大的力量，會使以前不服從自己的人臣服於自己，之前就很忠誠的人將會更

加忠誠，這樣就會使自己的臣民忠心不貳地擁戴自己。

當然，你無法將所有的臣民都武裝起來，但只要你的政策使武裝起來的臣民感到蒙受莫大恩惠，對付剩下的人就容易多了。最先跟隨你的人會因受到比較好的待遇而心生感激；剩下的人也不會嫉妒，因為他們心中很清楚，那些最先冒著生命危險跟隨你的人，獲得更多的酬勞是理所當然的。

但是，當你解除他們的武裝的時候，你就會馬上招來他們的憎恨，因為你的行為充分表明你的膽怯或者不守信義。而無論哪一種情況都將招致一種後果——他們開始憎恨你。不過，實際情況是你永遠不能放棄武裝，否則你將只能依賴雇傭軍，而雇傭軍的情況如前所述。雇傭軍即使再可靠，也不足以擊敗那些一心想打敗你的敵人以及憎恨你的臣民們。

因此，歷代新君王總是竭力來整治自己的軍隊，此種事例在歷史上比比皆是。

但是，當一位君王打敗一個新的國家並獲得它的統治權的時候，就如同舊體接上了新肢，必須解除這個國家的武裝，用你自己的士兵掌握這個國家的所有武器，當然，這些士兵必須是誓死擁戴你的。而對征服之前就已經歸

附你的人，也要伺機壓制他們。

那些被我們稱為先賢的人常說：保衛皮斯托亞市必須依靠黨爭，而保衛比薩卻需憑藉堡壘。他們正是抱著這樣的想法，在其所屬的一些城市中接連製造紛爭，並將這些紛爭掌控在自己手中。在義大利相對穩定時，這種辦法勉強算得上是一個良策，然而，我不相信這種辦法可以沿用至今，因為我不相信如今的分裂可以帶來何種好處，一旦敵國大軍壓境，那種內部分裂的城市馬上就會面臨毀亡之災，因為分裂雙方中的弱勢會很快向敵國軍隊投懷送抱，於是，剩下來的人將無力抗敵。

我想，威尼斯人就是基於上述的考慮，在其附屬城市培植了格勒夫和吉貝林兩派敵對的勢力。盡管威尼斯人並不允許衝突發展到流血對抗的地步，但是，他們製造的爭端使兩派之間產生了極深的分歧，以至於相互間無休止地爭吵，最終無法聯合起來反抗威尼斯人的統治。

不過，我們最終卻發現，這樣做的結果並沒有給威尼斯人帶來什麼好處，威尼斯人在維拉的戰敗，給了這些城市中的某些臣民以揭竿而起的機會，他們乘機從威尼斯人手中奪取了整個國家。這足以表明這樣的方法為英明君

王所不取，在一個強大的王國裡，如此分裂是絕不被允許的，分裂會削弱君王的力量。

在和平時期，合理使用分裂的方法，可以有利於君王駕馭臣民、鞏固政權，然而，一旦戰爭爆發，使用這種方法就顯得有些荒謬了。

可以想見，當幸運之神要使一位新君王成為偉大人物時，這位新君王將會比任何世襲的君王更加需要獲得威名。這個時候，上天就會安排一些敵人來反對他，並藉此給新君王提供戰勝敵人的機會，使他踩著敵人的失敗而平步青雲。

因此，許多人認為，英明的君王要不失時機地巧妙樹敵，然後將其制伏，從而使自己變得更加偉大。君王們，特別是新君王們，最終將會發現，在他們的新國家建立的過程中，一開始被看成有危險的人物，反而比那些被認為值得信賴的人對自己更加忠誠、更加有用。西阿娜君王潘多爾夫・佩特魯奇的統治，就得到了原本被認為心懷敵意的人的大力協助，而曾經讓他非常信賴的人卻只給了他很少幫助。

當然，具體情況一定要具體分析，不能以偏概全。我要闡述的道理是，

國家剛剛建立的時候表現出敵意的人，如果他們因為某種情況為了自保很想得到君王的支持，那麼，新統治者可以輕易爭取他們過來。之後，這些被爭取過來的人又勢必急於改善自己在君王心中的形象，因而任何實際行動都會竭表忠誠。

於是，君王從他們那裡會得到越來越多的利益，甚至多過君王從親信那裡得到的利益，因為後者會因過分相信自己的地位已經穩固並得到了君王的寵愛，往往不再用心侍奉君王了。

在這裡，我還要特別提醒那些因為得到當地百姓的擁戴而掌控政權的君王，應當仔細分析一下當地百姓究竟是出於怎樣的動機來擁戴他的？如果僅僅因為舊君王達不到臣民們的要求，而不是因為對舊君王的自然情感，那麼，新君王想和他們維持長久的和睦將會非常困難，因為你無法在短時間之內達成臣民們所有的願望。

縱觀古今，仔細分析，君王將不難看出，相對於與對舊政權不滿而同他結盟並幫助他推翻舊政權的人的關係，他與對崇拜舊政權而和他為敵的人的關係更能保持友好。君王們建城築堡，是為了便於自己的統治，將它作為

抵禦外侵和對付企圖推翻其統治勢力的可靠保障，同時，也作為受到突襲時避難之用。此法自古即有，沿用至今。我十分讚賞。

不過，在我們所處的時代，梅塞兒·尼柯羅·維得尼為了執掌卡斯楚市，將這個城市週邊的兩個堡壘全都破壞了。烏爾比諾公爵圭多·烏巴爾多返回領地後(他曾被尤利烏斯二世凱撒·博爾賈逐出這個領地)，立刻夷平了領地境內的所有城堡，他認為，沒有了這些堡壘，他不會再度輕易地被別人奪得他的領地。本迪沃里收復波波羅亞之後，也採取了類似的做法。

由此推知，城堡並不適用於任何時候，時勢是確定它們存在恰當與否的重要因素，情況不同，對你的統治產生的作用也不同。總結這個問題，我們將得出一個結論：君王畏民甚於外敵，他應該建城築堡；如果畏敵更甚於畏民，那就應該摒棄堡壘。法蘭西斯科·斯福查所建築的米蘭的城堡，將繼續危害斯福查家族，其害處甚於該國的其他任何暴亂。

歸根究底，對君王而言，天下最牢固的城堡是臣民。使你的臣民親近你，等於就擁有了最堅固的城堡；如果他們憎恨你，再堅固的城堡也無法保護你，因為內亂一起，外敵即入，雙管齊下，君王只會悽慘收場。當前時代，

城堡不再利於統治者，唯獨弗爾里伯爵夫人在她丈夫季若拉莫伯爵遇刺之後的情形較特別，城堡使她在民眾的攻擊中倖免於難，最終等來了米蘭的援助而重掌王權。

推敲原因，是當時情況特殊，內亂雖起，卻無外敵進攻。不過，等到凱撒·博爾賈向她發動進攻時，內亂民眾聯合了外敵，弗爾里伯爵夫人的堡壘再也稱不上堅固了。這個結果提示我們：與其固城，不如取信於民；以民為城，甚過千百城堡。

從上至下，論述種種，於此，我歌建城築堡之君王，贊捨堡就民之明君，毀抱城而死、漠視民眾之庸主。

（向亞歷山大介紹達利奧家族）．保羅．委羅內塞作

第維也納聖史蒂芬教堂內．這裡原屬於羅馬式風格．後遭受爭的摧殘

第二十一章　論君王如何贏得民眾尊敬

世上能使君王獲得世人莫大之尊敬的，不過兩件事：

一、是建立豐功偉業。

二、展示自己在內政上的卓越才能。

今阿拉貢國王——也就是西班牙國王斐迪南多二世，堪稱是一個絕佳的例子：一個原本毫無名聲的君王憑藉自己的努力，創造出顯赫的聲望和榮耀，一舉成為基督教世界中赫赫有名的國王，堪稱一代新君。

詳察其施政，我們將會為他的驚世才能、卓越的治國方略而拍案叫絕。繼位之初，攻格拉納達，他一舉功成，遂定國家之基石。初涉國家政事，他放手去做，勇往直前。他使桀驁不馴的卡斯蒂勒的貴族們將精力全都放在攻打格拉納達的興奮之中，將革新之事拋諸腦後。

在不知不覺中，他已贏得盛名和支配貴族的能力。他建立軍隊憑藉的是教會和人民的支持，擁有了一支精銳的軍隊為以後長期作戰打下堅實的基礎，同時，也給他帶來巨大的榮耀。

另外，為了實現更加宏偉的目標，他常常為自己的行動塗上宗教的色彩，將宗教中的殘酷歸結為神靈的旨意，憑藉這個名義他將馬爾拉尼人劫掠一空，並將他們驅逐出西班牙王國。

世上還有什麼事比遭受這種際遇還要悲慘的呢？

斐迪南多加快了侵略步伐，他進攻非洲，征戰義大利，然後入侵法國。一場又一場戰爭都在他的精心策劃下上演了，但也因此讓他的臣民時刻處於警惕和戒備的狀態之中，他們更加關注每一場戰爭，雖然一場戰爭與另一場戰爭之間幾乎沒有間隔，但是，結果總是讓臣民們無比驚歎。正是由於這種緊湊的節奏，使人們根本沒有機會有效地組織反對他的活動。

君王將自己卓越的才能用在內政上也能贏得人民很大的尊敬。就如同傳說中米蘭公爵麥瑟・貝爾納波一樣，一旦有人在領地中做出越軌的舉動，不論其性質是好是壞，君王都應公正合宜地做出獎賞或懲罰的舉動，顯示自己在內政管理上的卓越才能，如此一來，君王將更受人們關注，他的舉動會引得人們大發議論。

君王應在實際行動中努力博得「才智傑出的強者」之名，這才是最重要

的。作為君王，他可以選擇與民為友，也可以選擇與民為敵，也就是說，當他愛恨分明時，他將會得到人民的尊重，這往往比保持中立來得有效。

尤其是在兩個強大的鄰國之間發生戰爭的時候，特別需要注意：戰爭的結果通常只有一方戰勝。無論結果如何，只要你勇敢地參戰，支持一方，最終情況都會對你有利。因為如果保持中立，無論結果怎樣，通常你都會因為態度曖昧而成為勝利者祭旗的犧牲品，而這時，戰敗者不會給你絲毫的幫助，反而高興，因為你已經不具備受他庇護的條件。

勝利者不需要你，失敗者鄙棄你，這會是你態度不明確的最終下場。

敘利亞國王安蒂奧科斯受埃托利安人鼓動，準備進攻希臘，以驅逐羅馬人，他派人勸說羅馬人的盟友阿勘斯人保持中立，與此同時，羅馬人力勸阿勘斯人與他們並肩作戰。這件事被提到阿勘斯的會議上決策。

在會議上，安蒂奧科斯的使者呼籲阿勘斯人保持中立，而羅馬使者對此卻嗤之以鼻道：

「他們花言巧語，讓你們不要介入戰爭，這根本不會讓你們得到任何利益；如果拋棄了這些表面上虛假的友誼與尊嚴，你們只會成為勝利者的戰利

品。」

現實常常如此：要求你保持中立的，往往不是你的朋友；如果是真正的朋友，他會要求你公開表態。

但是，優柔寡斷的君王，常常為了享一時安樂而保持中立，到最後只會自取滅亡；如果君王明確態度，堅決表示支持某一方，那麼如果己方同盟勝利了，雖然你仍要聽從強大的勝利者支配，但他會對你非常感激，友好的關係會使他對你產生一種義務。他絕不會像無恥之徒那樣忘恩負義摧殘自己忠實的追隨者。

再者，勝利者不可能完全拋開正義和良心。即使你加盟的那一方失敗了，他依然對你充滿感激，如果他還有能力，一定會幫助你，他日若能東山再起，你將是他絕對信賴的盟友。

如果遇到第二種情形，即交戰雙方的勢力不足以威脅到你的時候，無論哪一方勝利都對你有利。此時，你應該慎重考慮究竟該支持哪一方，如果一方明智，他很可能會去保護另一方，因為他知道即使能夠獲勝，他也將受你的支配；因此他會選擇在你的幫助下取得完全的勝利。

有一點必須明確指出：明智的君王應該懂得，除非迫不得已，不要為了進攻他國而與一個強大於自己的國家結盟。因為即使取得了勝利，你的下場也將會與俘虜沒什麼區別。

一個明智的君王應避免墮入受人擺佈的境地。當年為了對付米蘭公爵，威尼斯人與法蘭西王國結盟，最終是自取滅亡。如果遇到無法推託的結盟，也應該學習佛羅倫斯人對付教皇和西班牙企圖侵佔倫巴底那樣，與一方聯盟，攻擊另一方。

一個君王，切忌自以為是，認為自己高高在上，就會在一切事情中穩操勝券，事實往往背道而馳，未來的路禍福難料，這一點君王應該有所預見。世事總是如此，誰也無法預料困厄之後就是勝利，也許困厄之後是更大的困難也說不定，所謂「天有不測風雲」，正是這個道理。英明的君王應趨利避害，當面臨痛苦抉擇時，應兩相權衡取其輕。

一個明君，應該懂得如何招納賢能，提拔技藝超群之士。還應當鼓勵農商，使百姓安居樂業，不要讓他們因害怕被沒收而不願增加財富，也不能讓他們因苛捐雜稅過重而不願開發生產。君王應當獎勵那些試圖發展這個城市和國

家的人。

此外，應在每年適當的時間舉行慶典或節日，召集民眾，與他們一起觀賞演出。君王還應重視各種行會或集團，因為它們幾乎在每個城市中都存在，君王對其施以接見和寬厚的待遇，以顯示君王的平易近人和雍容大度。

但是，這一切都要以保持王者威嚴為前提，不管在任何時候都不能忽略這一點。

（巴赫科伊廣場）這是一副典型的．充滿東方浪漫氣息的作品．它描繪了著名的土耳其君士坦丁堡的巴赫科伊廣場．這與戰爭中蕭條的君士坦丁堡形成了鮮明的對比

（晚餐會）藏於佛羅倫斯烏菲齊美術館．這可能又是梅迪奇家族的眾多藝術收藏中的一副

第二十二章　論如何處理君王與大臣的關係

選擇大臣對於君王來說至關重要，選出的大臣的優劣，能顯示出一個君王的睿智與否，君王給民眾直接的印象來自於他手下的大臣。

如果大臣們的能力卓著且忠心耿耿，那麼，君王就被認為是英明的，因為這說明他懂得如何去舉薦賢能並且使他們忠貞不二。

如果大臣們既無能又不忠心，君王的聲譽就會受損，人們往往認為他比較昏庸，因為選錯大臣，就是他表現出來的第一個錯誤。

大凡熟知西阿娜君王潘多爾夫·佩特魯奇的大臣安東尼奧·達·韋納弗羅的人，全都認定潘多爾夫是位英明的君王，因為他能重用安東尼奧。

通常人的頭腦有三種類型：

第一種、是自己就能理解。

第二種、能理解別人的說明。

第三種、是既不能自己理解，也不能理解別人的說明。

第一種無疑是最優秀的；第二種也算優秀；第三種則是無能。

因此，即使潘多爾夫不屬於第一種，他也能列入第二種，堪稱優秀。因為一個人即使如何缺乏遠見，只要他能夠識別他人言行的優劣，就能鑑別其臣下行為的好壞，從而進行獎懲。

如此一來，大臣們就不敢存有欺瞞君王的想法，自然能收斂欺君之念，忠貞不二地為君王做事。

但是，君王如何去鑑別大臣的奸佞呢？

有一個方法可以說是百發百中：如果你察覺一個大臣為己謀甚於為君謀，只知道追求自己的利益，而不為他人考慮，那麼，他一定不是良臣。君王就不應該信賴他，因為作為一個大臣，應該全心全意效忠君王，為君謀應甚於為己謀，不應該心有旁騖。

另外，為了確保大臣們的忠心，君王應時常為大臣著想，尊重他們，不時施與恩惠，且與他們分享榮譽，使他們心生感恩之意。當然，也與他們共同承擔職責，使其深知能獲此殊榮，全賴君王的恩典。

隨著榮譽的增多，大臣的欲求將會減少；隨著財富的積聚，他們的斂財之心也會削弱，而他們承擔的重責更會讓他戰戰兢兢，不容有失。

以上的關係一旦鞏固，大臣自然會對君王忠心耿耿。如果不採取這樣的方法，國家就會遭殃。

（晚餐會）藏於佛羅倫斯烏菲齊美術館．這可能又是梅迪奇家族的眾多藝術收藏中的一副

布達佩斯－布達皇宮．皇宮中心部分現為歷史博物館

第二十三章　怎樣疏遠諂媚者

有一件重要的事情我必須提及，君王如果在這方面不非常慎重或準確地判斷，就難免釀成大禍。

這個危機就是諂媚者的存在，可以說，在任何朝廷裡都不乏其人。人對自己的作為經常會產生某種滿足感，有時還樂於欺騙自己，如此一來，各種阿諛之舉就會乘虛而入，即使君王早存戒備，也難免要冒著遭人輕視的危險。

因為如果你要防止阿諛諂媚，就得允許臣下說真話，不然，很難知道臣下的話是阿諛奉迎，還是肺腑之言。

然而，一旦臣下都對你坦白誠實時，你所受到的尊敬就可能日漸減少了。既然這樣，應該怎樣疏遠諂媚者而又不會傷害到自己呢？

有識的君王往往會採用第三種辦法：選擇一些賢能，特許他有講真話的自由，但這種自由只限於君王所詢問的事情上。

不過，最好一切事都向他們諮詢，並採納他們的意見，再根據其建議做出自己的決策。君王應該讓所有敢於直諫的人都意識到：越是敢於直諫，越

能受到他的重用。

除此之外，其他人的話，你必須一律不聽，下定決心推行已經決定的事情，不能輕易改變。如果不照此行事，那麼，君王不是毀於佞臣的讒言，也會因為拿不定主意導致政策時常變動，喪失君王的威信。

我可以就一個當代的例子來說明這一問題。

當今皇帝馬克西米利安的寵臣盧卡神父曾這樣描述皇帝，皇帝從來不徵求任何人的意見，卻從未按照自己的意願去行事。因此可見，這位皇帝的行為與上述的做法正好相反。因為這位皇帝向來喜歡掩藏自己，不告訴臣下自己的計畫和意願，也不聽別人的任何參考意見，直至將計畫付諸實施時，人們才對此有所察覺，並隨之反對，最終導致朝令夕改，反反覆覆。

誰也不知道這位皇帝在想什麼或將要做什麼，他的政令的可信度就讓人懷疑了。

因此，君王應該不忘勤於詢問別人的意見，當然，是在自己樂意的情況下，而不是在別人樂意的情況下。

另外，如果有些事情根本不必徵詢他人意見，就應該當機立斷，讓臣下

沒有提出意見的機會，以樹立威信。當然，

君王更應當勤學好問，耐心地徵詢各方的意見；一旦發現有人無論出於什麼理由謊報隱瞞，就應該表現憤怒。

很多人都認為，有英明之譽的君王，不是因為他自身的賢明，一般是因為有良臣輔佐。我認為這種說法是錯誤而可笑的。世間恆久的法則告訴我們：

一個自己不明智的君王，他就不可能採納良言。除非好運降臨到他身上，使之將一切託付給一位明智的人身上並完全受其支配。

如果是這樣的話，確實有可能獲得良言。但這是很危險的，因為實權掌握在別人手裡，自己的權力就可能被架空，到最後，很可能落得被篡位下臺的境地。

另外，當聽取不止一人的建議時，如果君王不夠明智，他就不可能聽到一致的建議，也沒能力統一建議。

再說，出謀者往往各私其利，如果君王缺乏洞察本質的眼光，就根本不可能知道哪種意見該被採納。情況往往如此，如有利益驅動，人們紛紛來對

你表示忠誠，如果沒有利益驅動，他們就可能捨你而去。

因此，我們可以這樣說，一切良好的忠言，無論來源何處，最終還需要有君王的賢明，才能產生作用。

.（國王與王后）該作品顯示出了人物高傲與威武的工者風範

凡爾賽宮國王臥室

第二十四章　論義大利的君王們喪國之根本原因

一位新君王，如果能遵循我上述的一些意見行事，那麼，他在國內的地位將很快穩固，甚至比世襲的王權還要安全和可靠。比之世襲的君王，人們往往更普遍關注新君王的行為。

如果新君王表現出足夠的賢明和優異，那麼，他將比世襲君王更能贏得人民的擁護，人民將會緊密地團結在他周圍。這是因為社會在進步，人類的思想也在不斷地發展，因此人們更樂於關注和擁護新的事物。

當人們認識到眼前的一切都非常美好的時候，他們就很容易滿足。只要新君王不言行失當，人們就會真誠地擁護他。如此一來，作為開國君王，又能以良法、精兵以及可靠的盟友和偉大的事業讓國家強大，他的榮譽將倍增。

這跟一個世襲君王因昏庸而喪國將會蒙受加倍的恥辱一樣。細究當代那些喪國的義大利君王們，如那不勒斯國王、米蘭公爵等等，我們很容易就能看出根據上面已經探討過的各種原因。

首先，一個共同的錯誤在他們身上被發現了，那就是軍隊問題：

其次，民怨民憤也是喪國原因之一，有些君王雖有人民的支持，但沒有籠絡好貴族們。假如這些問題都不存在，那麼，只要有足夠的能力支撐一支強大的軍隊，君王喪國通常是不可能的。

馬其頓的菲利浦五世——不是亞歷山大之父，而是敗於提迪托．昆提尤斯的那個人，他的力量與強大的羅馬和希臘聯盟顯然是沒法比的，然而，他很好鬥，並且深知如何與人民保持和睦，也知道籠絡貴族之道，因此在羅馬和希臘聯盟的攻擊下，盡管失去了幾個城市，卻依然能夠抗戰多年，最終不致喪國。

所以，義大利君王們之所以喪國，只能責己無能，而不應當去怨天尤人。他們在和平時期從不去預見將來可能發生的事，就像人們通常不會在風和日麗時想到明天可能有狂風驟雨一樣。

一旦陷身困境，在不懂自衛的情況下只能倉皇逃跑，但卻仍然沒放棄重拾舊夢的幻想，仍希望有一天人們會敞開懷抱歡迎他回去統治。如果實在無法應付眼前的情況，這也不失一個安慰自己的好辦法，但令人喪氣的是他們放棄了所有努力，而只想坐享其成。

任何君王都不能因為將來的某種可能而放棄眼前的努力，因為將來的情況既然是一種可能，也許就不會出現，就算出現了也不一定於你有益，因為你不自救，何來他人救你。

所以，最可靠的、正確而有效的防衛方法，就是樹立自信而能自立。

第二十五章　論命運的作用及如何主宰命運

有一點我不得不承認，世人相信命運，相信很多事情存在命運和上帝支配的因素，而人的力量不足以勝天，事情的結果不為人所操控，甚至連最後的補救之道也沒有。保有這種思想的人斷定人不能逆天而行，一切都應聽天命而順其自然，在我們這個時代，這種觀點尤其被很多人所採信。

因為過去、未來時刻都在發生的巨大變化，已經遠遠超出了人類的想像。一旦想起這些，連我都不由自主地對這種觀念產生了敬意。然而，人類意志的自由不是天能主宰的，我認為：我們的行動中的一部分很可能由命運所主宰，但是，剩下的一部分留給我們自己來支配。

命運就好比氾濫的江河，洪水一旦爆發，將會樹倒屋塌，人畜全毀，田地被淹沒，土壤會流失，一切都將臣服於這種自然的威力之下，人們只能四散奔逃，無法還手。

盡管洪水爆發時如此的可怕，我們仍然能夠在天氣晴朗的時候，開渠築堤，加以防備。倘若洪水再至，就能順道洩洪而不至於氾濫成災。命運與此

相同，不盡人事，永遠只能任由命運肆虐，直至氾濫成災。

我們以義大利為例，那裡既無水渠又少堤壩，因此成了種種滄桑巨變的舞臺，同時，又推動那些巨變風暴的發展。如果它像日爾曼、西班牙和法蘭西那樣擁有足夠的防禦力量，就不會任由洪水肆虐，導致滿目瘡痍。我想用義大利的情況來闡明命運這一問題，顯然已經足夠。

一些君王今日耽於安樂，明天卻就喪位垮臺，他們的秉性和習慣卻依然沒有變化。我想，之所以會出現這樣的情況，首先，是由於我在前面討論過的原因，也就是說，君王信賴命運，聽任命運的安排，一旦命中的好運捨棄了他，他就得捲舖蓋回家了。

我堅信，一位君王的行為要順應時代的發展，他就會統治的得心應手，但如果他的行為與時代脫節，就將如出水之魚，只會落得垮臺的下場。因為人們追求榮耀和財富的路各不相同，他們使用各自的方式。有人小心謹慎，有人急躁魯莽；有人濫施暴力，有人工於技巧；有人竭力忍耐，有人卻恰恰相反。

我們不難發現，同樣小心謹慎的兩個人，一個可能實現其目標，另一個

則理想落空；而習性迥異的兩個人，一個小心謹慎，另一個急躁魯莽，卻都能獲得成功，這其中的關鍵在於他們的想法是否符合時代的發展和潮流。

我們可以作出總結：兩個行事方式不同的人最終卻能達到同樣的目的，而採取同樣行動的兩個人卻一個成功，一個失敗。

決定成敗的關鍵是：

一個人如果採取謹慎、小心的方式行動，而時代的潮流正好與他的做法不謀而合，那麼，他的成功是顯而易見的；但如果時勢與他的做法不合，這說明他將不能因勢利導，失敗是理所當然的。

一個時時小心翼翼的人受他的習性所限是很難抓住機會的，因此功成名就的機會往往會與他擦肩而過。這就可以解釋處事謹慎的人一旦遇上有些事需要當機立斷時，他就不知如何處置了，最終只能以失敗告終。

如果一個人能夠跟得上時勢和環境的變化，那麼，命運就會眷顧他。

教皇尤利烏斯二世做事總是雷厲風行，他處事的行為方式總與所察覺的時勢正好契合，因此他總能取得成功。當時，喬萬尼．本蒂沃利還在世，尤利烏斯二世親自發動了對波羅亞的第一次征服戰。但是，威尼斯人和西班牙國王都不贊成，尤利烏斯就和法蘭西王商議此項計畫，出於剛強和迅猛的秉性，最後，尤利烏斯二世決定親征，西班牙和威尼斯人頓時不知所措。但法蘭西王卻認識到，教皇既然已經開始了行動，為了使威尼斯人不橫加阻撓，最好與教皇做朋友。

於是，與教皇交好，法蘭西王不能公然拒絕向他提供軍事援助。於是，教皇就在這種情況下，以迅雷不及掩耳之勢完成了征服那不勒斯王國的大業。這是當時任何其他的教皇都難以望其項背的，如果尤利烏斯像其他教皇那樣謹慎從事，待在羅馬等待萬事俱備，那麼，即使他有世上最高深的謀略，也無法成功。

因為法蘭西王會列出一千條推託的理由，威尼斯人也會出於自身利益的考慮而奮起抗爭。我想，他的所有業績都是以這種方式取得的，這裡不再贅述。尤利烏斯的生命旅程很短暫，這使他沒有機會經歷失敗，如果時光倒流讓他可以重新經歷一次這段人生，而他又必須謹慎行事的話，他的大業一定以毀滅告終，因為他絕對不會突然違反天性來行事。

於是，又一個結論呼之欲出了：「命數難測，本性依然。」所以人行事

的步驟能與命運緊密扣合，成功就會降臨；但如果二者相違背，失敗也就不遠了。這是我的觀點，當機立斷勝於謹小慎微。

因為命運正如一女子，願交青年人為友，因為青年人不像老人一般，處處行事小心，往往血氣方剛，天馬行空。這種人不會屈服於命運，他們往往能創造命運。

羅浮宮收藏的彩繪玻璃窗珍品

第二十六章　解救義大利於蠻族之手

在前面第六章中我已論述過：

為了展現摩西的力量，應該讓以色列人在埃及遭受奴役之苦；

為了認識居魯士的偉大精神，波斯人就得受梅迪亞人的欺辱；

為了義大利的聖德之主出世，就必須讓義大利面臨更大更慘的絕境，那將比希伯來人遭受更慘重的奴役，比波斯人更受壓迫之苦，比雅典人還要顛沛流離，使之既無首領、無秩序，還要遭受打擊、搶掠，既被分裂，又被壓迫。概括來說，這個國家將會滿目瘡痍，無一寸安寧的樂土，人們飽嘗國破家亡的痛苦。

我們已經在一些義大利人身上看到了奉上帝之命來拯救義大利的希望，但不久之後，我們卻發現，正當他們的事業達到頂峰時，命運卻捨棄了他們。因此，直到今天，義大利看上去仍然如一池死水，等待聖人來療治她的創傷，終止倫巴底被蹂躪劫掠的慘劇，使那不勒斯和托斯卡尼脫離戰爭的苦難，從而拔除已經潰爛的毒瘤。她正在祈求上帝降臨聖德之主，使其掙脫蠻族人的

魔爪。只要有人揭竿而起，義大利人就會勇敢地聚集在這面旗幟下。

如今，沒有任何人比您那顯赫的家族更受上天眷顧了，您的家族依靠為上天和教會所寵幸掌握著自己的命運，擁有非凡的能力，如今又身為教廷的領袖，自然人才濟濟，因此您完全有資格成為拯救義大利的聖德之主。

您只要牢記我寫於書中那些人物的生平，那麼義大利的獲救將指日可待。這些人物雖堪稱稀有奇才，但仍是凡人，他們當年擁有的機會也不比現在多；他們所成就的事業也不比拯救義大利更有正義性或是更為容易；上天給予他們的小小恩賜，必能降臨於您的身上。

正義與偉大的精神必生於我們之手，因為戰爭賦予反抗之民自衛的勇氣，而這永遠是正義的。當不反抗就會滅絕的時候，戰爭就將鍍上神聖的光輝。現在，巨大的機會降臨了，您的家族只要採取一些適當的措施，如我在書中所說的那些人所採取的一些手段，那麼，困難就不再是困難，我們將會親眼目睹上帝賜予您的空前的奇蹟。

大海為之分合，雲彩為您引路；泉水湧於石，糧食從天而降，萬事萬物都因您的偉大而凝聚成一股強大的力量。

上帝不包攬一切，命運也非無時無刻都在左右，除了這些，還需要您的努力。這樣，我們自由的意志和偉大的榮耀就追隨我們的左右。

可惜上述提及的那些義大利人，沒人可以完成您的顯赫家族也許可成就的偉大事業，這也不值得奇怪。義大利的天空下，動盪頻繁，戰亂迭起，軍事力量幾乎消耗殆盡，這主要是舊制度造成的，而又沒有一位聖德之人去開創新的制度。一個崛起的新君王如果想得到偉大的榮耀，再沒有比推出新制度更能展示其能力了。如果這些新制度找到了良好的基礎與偉大的實質，創建者必將為人民所擁戴。

現在，義大利最不缺的就是讓人實行各種改革的機會。只要頭腦明智，四肢就能強健有力。

事實上，不管是決鬥，還是少數人參加的戰鬥，義大利人在其中表現的力量、技巧和智慧之佳都是有目共睹的。但是，只要將目光一轉移到軍隊問題上，這些優良的品格就全都看不見了，這完全得歸咎於統帥們的軟弱。每個人都自視英明、目空一切，但是，沒有人能在能力和幸運方面出類拔萃，以至於能上升到崇高地位而使別人折服。

漫長的二十年過去了，戰爭一場接一場地爆發，其中只有一支是完全由義大利人組成的軍隊，他們遭遇了慘敗。主要的例證是泰羅之戰，之後，還有亞歷山大、卡波亞、熱納亞、維拉、波羅那與梅斯特里等一系列戰爭。

當您顯赫的家族決意效法我先前談到那些曾經拯救了他們祖國的偉大人物，那麼，首要大事就是組織一支屬於自己的強大軍隊，這將是邁向偉大事業的第一步，因為沒有任何士兵比自己親自挑選的還要忠實、真誠和優秀了。另外，雖然他們很優秀，但當他們看到自己的君王親自指揮他們，並將親自賦予他們榮譽和金錢時，他們的優秀將會更加璀璨奪目，他們也將更緊密地團結在一起。

因此，組織這樣一支軍隊迫在眉睫，因為只有這樣的軍隊才能抵禦外侮。雖然瑞士和西班牙步兵被傳說得很可怕，但他們的缺陷是顯而易見的，因此，第三種類型的軍隊完全有能力與之交手，並最終戰勝他們，因為西班牙的步兵往往聞騎兵而色變，瑞士人面對與他們同樣頑強的步兵時，也會備感吃力。

有跡象顯示，法國騎兵正好克制西班牙人，而瑞士人則將敗於西班牙步兵之手，雖然後一種說法還沒有明確的實例證實，但是，拉文那之戰已經給

了我們一個提示。當時,西班牙步兵面對的是德國的軍隊,後者擅長瑞士兵的戰術。西班牙人身材矯捷,經常藏於圓盾之下鑽到德國兵的長矛陣中,安全地向德國人進攻,使德國人毫無招架之力。如果這場戰爭中沒有騎兵的加入,也許西班牙將會把德國人完全消滅。

所以,看準這兩類步兵的缺點,以君王縱橫沙場的騎兵,使之既能戰勝敵人強大的步兵,又能擊退騎兵。當然,這一切得取決於武器的使用和戰術的調整。而這一切將能像新制度一樣帶給新君王無限的威望與崇高的榮耀。

經過如此漫長的歲月,眼前的機會萬萬不能錯過,義大利已經能夠看見眼前的救星了。我不能用語言表述那些慘遭外國蹂躪的地方,人們將懷著怎樣的熱情、怎樣的復仇渴望與信念,含著滾滾熱淚來迎接他!誰會將他拒之門外呢?又有什麼人會不樂意服從他呢?嫉妒怎會施加於他身上呢?人們效忠的對象怎麼可能不是他呢?蠻族的暴政已經使義大利人遭受了如此深重的苦難,人們對他們恨之入骨。

所以,我懇請您顯赫的家族,以不敗之精神和崇高之勇氣承擔起這一偉大的重任,使我們在您的旗幟下日月重光,欣欣向榮,到了那時,我們將歌頌彼特拉克的詩句是如此的美好：

正義而勇敢的人們，拿起刀槍，不畏蠻族的暴虐，戰鬥不會很長，因為那——古羅馬之勇氣與榮光，依舊在義大利人的血脈中流淌。

★附錄《君王論》對各執政者的引響

成了歷代君王和統治者的案頭書，馬基維利在《君王論》裡所闡述的君主統治和政治權術的理論，即「馬基維利主義」，也成了後世一切統治階級鞏固其統治的治國原則。

1奧立維・克倫威爾一直珍藏著一份《君王論》手稿的影本。

2法國國王亨利三世和亨利四世遭暗殺時隨身還帶著《君王論》。

3普魯士弗雷德里克大公把《君王論》作為自己決策的依據。

4路易十四把《君王論》作為每天睡前的必讀書。

5人們在清掃滑鐵盧戰場時，在拿破崙的用車裡找到一本寫滿批註的法文版《君王論》。

6俾斯麥熟諳《君王論》，被人稱為是馬基維利主義的虔誠的門徒。

7希特勒說，他一直把《君王論》放在桌上床邊，經常從中吸取力量。

8墨索里尼則對人說：「我認為，馬基維利的《君王論》是政治家最高的指南，至今仍具有生命力。

9 毋庸置疑，在卡爾•馬克思之前，還沒有一個人像馬基維利那樣，對人類政治思想產生過如此大的影響，他被稱為「政治學之父」是受之無愧的。

國家圖書館出版品預行編目(CIP)資料

君王論 : 世界最完美的君王之道 / 尼古洛.馬基維利(Niccolo Machiavelli)原著. -- 初版. -- 臺北市 : 華志文化, 2020.05
面 ; 公分. --(世界名家名譯 ; 5)
譯自 : The prince
ISBN 978-986-98313-6-9(平裝)
1.馬基維利(Machiavelli, Niccolo, 1469-1527) 2.政治思想 3.君主政治

571.42 109004366

華志文化事業有限公司
系列／世界名家名譯5
書名／君王論：世界最完美的君王之道(The Prince)

原著 尼古洛・馬基維利（義）（Niccolo Machiavelli）
執行編輯 簡煜哲
美術編輯 楊雅婷
封面設計 王志強
文字校對 陳欣欣
企劃執行 張淑勤
總編輯 黃志中
社長 楊凱翔
出版者 華志文化事業有限公司
電子信箱 huachihbook@yahoo.com.tw
地址 116台北市文山區興隆路四段九十六巷三弄六號四樓
電話 093707506

總經銷商 旭昇圖書有限公司
地址 235新北市中和區中山路二段三五二號二樓
電話 02-22451480
傳真 02-22451479
郵政劃撥 戶名：旭昇圖書有限公司（帳號：12935041）

出版日期 西元二〇二〇年五月初版第一刷
書號 C405
Printed In Taiwan

華志文化

華志文化